Clara Kruff –
Feb. 22. 18

Ferdinand Freiligrath's

sämmtliche Werke.

Vollständige Original-Ausgabe.

Vierter Band.

New-York, 1858.
Verlag von Friedrich Gerhard.

Entered according to Act of Congress, in the year 1858 by

FRDR. GERHARD

in the Clerk's Office of the District Court of the United States
for the Southern District of New-York.

Aus neueren englischen Dichtern.

3

Ebenezer Elliott,

der Korngesetz-Dichter.

Eine Proletarier-Familie in England.

Tisch, Stühle, Bett — sie nahmen's, gingen dann;
Dämonisch wild sah ihnen nach der Mann;
Sein mager Weib sucht' ihn umsonst zu halten;
Auf's Bierhaus wiesen seiner Stirne Falten —
Hurrah, Brodtax' und England!

Zum schwangern Leibe hielt sie stumm die Hand,
Erstach das Kind dann, das im Winkel stand;
Küßt' es und schrie, von Schluchzen unterbrochen:
„Was hat mich m e i n e Mutter nicht erstochen?" —
Hurrah, Brodtax' und England!

Sie rang sich auf, zur Kammer schlich sie matt: —
Ach, ihres Jüngsten letzte Schlummerstatt!
Ja, wer nicht Grab und Priester kaufen müßte —
Da lag das Kind seit Monden in der Kiste!
Hurrah, Brodtax' und England!

Wo aber mag des Todten Schwester sein?
Sterbend, o Gott, wo Keine stirbt, die rein!
Gefallen sterbend, fern der Eltern Hause: —
„Mutter, o komm!“ ächzt es durch ihre Klause. —
Hurrah, Brodtax' und England!

Sieh', vor dem Richter steht die Mutter wirr,
Und Keiner redet: „Herr, das Weib ist irr!“
Kalt, stumpf die Massen, die den Platz umdrängen;
Berauscht im Schwarme sieht ihr Mann sie hängen!
Hurrah, Brodtax' und England!

Bald geht auch er in Kettenwucht einher;
Und wen, Tyrann, und wen erschlug denn er? —
Die arme Wittfrau, die von Gram verzehrte,
Die von dem Miethsmann Wochenzins begehrte!
Hurrah, Brodtax' und England!

Großhändler ihr in Mangel, Noth und Blut —
O, stände eingegraben, was ihr thut!
Es ist's! — In Herzen, die verzweifelnd klopfen!
Tief eingebrannt mit heißen, rothen Tropfen! —
Hurrah, Brodtax' und England!

Felicia Hemans.

Des Cid's Leichenzug.

Vor den Thürmen Valencia's tobte der Mohr,
Seine Lanzen umsaus'ten der Veste Thor,
Die Zelte der Wüste schlossen sie ein,
Und Kameele zertraten Hispania's Wein,
Denn der Cid ging ein zur Ruh'.

Da war Volk von der Flur, die der Giftwind fegt;
Da war Stahl aus der Schlucht, wo der Leu sich regt;
Da war Bogen und Pfeil vom Oasenborn: —
Seine Schaaren dröhnte der Wüste Horn
Des Abends Schlachten zu.

Um die Mitternacht über das dunkle Meer
Herweh'te Geläute, dumpf und schwer;
Die Sterne schienen auf Fluth und Stadt,
Und das Lager ruhte, vom Streite matt;
Doch die Christen schlummerten nicht.

Sie setzten den Cid auf sein klirrend Pferd,
Wie zum Kampf ein Krieger war er bewehrt,
Und sie banden sein Schwert in die kalte Hand,
Die so kühn es schwang für sein Vaterland,
  Und sein Erzschild funkelte licht.

Da ward Waffnen gehört von Haus zu Haus,
Auf den Wällen standen die Wachen aus,
Und eh' noch erbleichend die Sterne flehn,
Da ragte gepanzert der Todte schon,
  Und von dannen schritten sie frei.

Sie durchzogen schweigend der Veste Bann,
Und es war ein Schritt, wie von Einem Mann;
Und sie schritten leise, das Schwert in der Hand,
Wie der Löwe schreitet auf brennendem Sand,
  Und sie gaben kein Feldgeschrei.

Als des Ersten Stimme dem Thorwart rief,
Da war Mondenschein und das Lager schlief.
Als hinter dem Letzten das Thor sich schloß,
Da flammte der Morgen auf Mann und Roß,
  Und die Sonne bestrahlte das Meer.

Fünfhundert Reisige klirrten voran;
Dann Bermudez der Held mit des Feldherrn Fahn';
Ihre Seide rauschte voll Kampfbegier: —
Deine letzte Wahlstatt, du grün Panier,
Du Standarte, glorreich und hehr!

Und jetzo kam stattlich der Campeador,
Wie ein Führer ritt er den Seinen vor,
Seine starren Züge barg das Visier,
Aber stolz und muthig trat auf sein Thier,
Denn es wußte, wen es trug.

Es trug den Cid, und es trug sein Schwert,
Und Ximena folgt' ihm, bleich und verstört;
Ihr Auge war ernst und ihr Wandeln schwer,
Um den todten Gemahl trug sie Leide sehr,
Doch kein Laut verrieth es dem Zug.

In Valencia war es einsam indeß;
Die Kirchen geleert, und aus die Meß!
Die Straßen öd' und verlassen gar!
Und kein Fußfall scholl durch den Alcazar;
— So von dannen schritten sie frei.

Sie durchzogen schweigend der Wälle Bann,
Und es war ein Schritt, wie von Einem Mann;
Und sie schritten leise, das Schwert in der Hand,
Wie der Löwe schreitet auf brennendem Sand,
  Und sie gaben kein Feldgeschrei.

Doch nicht lange, da dröhnten die Hügelreih'n;
In die Heiden brachen die Christen ein;
Mit der Speere Blitz und der Panzer Schall,
Mit der Rosse Gestampf und der Reiter Prall,
  Alvar Fannez war es, der kam!

Wie ein dräuend Gewölk, ohne Trauertalar —
So vorausgeflogen war er der Schaar;
Und der Sturmwind fuhr durch die Zelte hin,
Und gefällt lag die Schützenkönigin [1],
  Und wer Bogen und Pfeil für sie nahm.

Da ergriff ein Schrecken den König Bukar,
Und den Troß von Fürsten, der mit ihm war;
Muthlos ihr Herz, und ihr Arm erschlafft;
Keinen Wurfspieß zu schwingen hatten sie Kraft,
  So entsetzlich war, was sie sah'n.

Denn es schien, wo Minaya zum Sturm gab das Wort,
Als umringten ihn Tausend und Tausende dort,
Alle weiß wie der Schnee auf Nevada's Haupt,
Und sie kamen donnernd herangeschnaubt,
— Weiße Wellen über den Plan.

Und ein Krieger mit wallendem Federstrauß
Und mit feurigem Schwerte ritt Allen voraus;
Mit feurigem Schwerte, mit bleichem Panier,
Und ein blutroth Kreuz seines Panzers Zier —
So zum Angriff trug ihn sein Pferd.

Da war Furcht, wo erscholl seines Rosses Schritt;
Da war Tod, wo der ragende Krieger ritt;
Wo mit Geisterlicht seine Fahne schien,
Wo sein Gluthschwert glomm, da war eitel Flieh'n —
Denn es war keines Menschen Schwert.

Blutig die Eb'ne, so weit man sah!
Auf der Flucht die Gewalt'gen von Afrika!
'S war ein heißer Tag für die Christen heut'!
— Sie waren matt um die Abendzeit,
Gleichwie Volk, das Aehren schnitt.

Auf der Flucht die Gewalt'gen von Afrika!
Ihre Segel rauschten — die See war nah!
Ueber's Meer hin töņte der Heiden Schmach; —
So geschan's, daß der Bogen der Wüste zerbrach!
  In sein Grab so legte sich Cid!

1 Die Schützenkönigin — eine maurische Amazone, die dem König Bukar mit einem Fähnlein weiblicher Krieger aus Afrika gefolgt war. Ihre Pfeile trafen so sicher, daß sie den Namen „Stern der Schützen" erhielt.

Una Mora muy gallarda,
Gran maestra en el tirar
Con saetas del Aljava
De los arcos de Turquia.;
Estrella era nombrada,
Por la destreza que avia
En el herir de la Xára. *

* Bei Herder:

eine schwarze
Mohrin, die aus türk'schem Bogen,
Gift'ge Pfeile tödtlich schoß,
Also meisterhaft, daß man sie
Einen Stern des Himmels nannte.

Des Cid's Auferstehung.

'S war die zweite Wacht der stillen Nacht,
Und entschlummert lag Leon,
Als, wie langsam wandelnde Heeresmacht,
Sich erhub ein dumpfer Ton.
'S war die ernste, grause Frist,
Wenn der Mensch den Tag vergißt,
Und der Traum besteigt seinen Thron.

Durch die dunkeln Straßen mit Geklirr
Hinzog derselbe Schall:
Panzer und Sporn und Roßgeschirr
Und beschlagner Hufe Fall.
Ruf nicht und Trompetenstoß,
Eisernes Getöse bloß
Weckte den Wiederhall.

Durch die dunkeln Straßen rollt' es hin —
Und ihr zitternd Pflaster sprang,
Und die Thürme sammt den Glocken drin
Schwankten und gaben Klang!

Also dröhnt' es durch die Luft
Bis vor eine Königsgruft,
Wo ein Mönch Nachtmesse sang.

Da nun pocht' es an am erzenen Thor,
Und ein Rufen scholl daher,
„Daß der Cid Ruy Diaz Campeador
Harre mit Schwert und Speer;
Und daß mit ihm, felsentreu,
Von den Todten erstanden sei
Graf Gonzalez und sein Heer.

„Und der König hier im dunkeln Haus
Solle denken an seinen Schwur;
Solle reiten, wie sie, zum Kampf hinaus,
Und nicht ewig schlummern nur!“
— Dann auf's Neue rasselnd Zieh'n
Und die Mauren, als der Mittag schien,
Waren Staub auf Tolosa's Flur.

Die Indische Stadt.

(Forbes': Oriental Memoirs.)

1.

Fürstlich in Pracht entsank der Tag,
Wo die Indische Stadt in der Ebne lag;
Ihre Krone von Kuppeln, rund gebaucht,
Glomm, wie in flüssiges Gold getaucht;
Ihre säuselnden Haine, schattig und dicht,
Wie ein Strom durchfloß sie der Sonne Licht,
Bis der Baniane Säulengezelt
Wie ein Münster glühte, von Fackeln erhellt,
Und die Platane mit funkelndem Grün
Ein Baum aus den Gärten der Genien schien;
Bis, ein flackernder Thurm, die Cypresse sich hob,
Und bis Funken der Schaft der Palme stob.
Manche Pagode, weiß und hell,
Warf ihr zitterndes Bild auf Strom und Quell,
Von der Lotosblume gebrochen allein,
Wenn im Kelche sie fing, wie rosigen Wein,

Und es aus dann auf ihr Krystallbett goß —
Das letzte Glühn, das der Sonn' entfloß.
O, manch lieblich Hindu-Kind,
Wie das Reh der Wüste leicht und geschwind —
Mit dem Kruge schritt sie durch's Gesträuch,
Flog die Marmorstufen hinab zum Teich;
Auf die Stauden rings und das frische Gras
Spritzte der Welle geschmolzenes Glas,
Und ein Murmeln verrieth, wo auf den Knien
Still im Gebete lag der Bramin.

Durch des Ortes Wonnen am schwanken Stab
Athemlos-froh schritt ein Moslem-Knab'.
Er sah schimmern die Stadt am Horizont,
Wie ein Wolkenlager, purpurn besonnt;
Er fuhr auf, wenn ein Vogel des Waldes Nacht
Blitzend durchschoß mit des Fittigs Pracht;
Er ging jauchzend den spiegelnden See entlang,
Wo der Wind im gefiederten Rohre sang;
Bis sein Weg ihn führte durch Busch und Baum
Mitten in's Herz dem geweihten Raum.

Da nun lag das Wasser, still wie ein Kind,
Durch die Felsen geschützt vor Sonn' und vor Wind;
Alle Farben, die über ihm trug der Hain,

Wies es den Ufern im Wiederschein.
Jenseits der Fluthen flammender Schwall
Brannte heiß, wie ein Spiegel von Metall;
Doch die Bucht hier voll Frische und Dämmerung
Schien gemacht für des Schwimmers freudigen Sprung,
Schien gemacht für den Hirsch, wenn das Horn erschallt,
Und für Alles, was frei ist im freien Wald.

Wie des Falken Umschau in blauer Höh',
So des Knaben Blick über Forst und See;
Wie die Möve taucht in ihr schäumend Bad,
Also der Sprung, den er jubelnd that;
Hierhin und dorthin auf Blatt und Gras
Spritzt' er behaglich das stäubende Naß,
Ließ die Wellen benetzen sein glänzend Haar —
Wenig, ach, träumt' er von Tod und Gefahr!

Seine Mutter indeß vor ihrem Zelt
Sah mit stillem Lächeln die stille Welt.
Sie, auf der Fahrt nach Mekka's Schrein,
Hatte Rast geboten in Brama's Hain;
Eine Moslem-Fürstin, mächtig und stolz,
Wollte sie ruhn im säuselnden Holz;
Denn des Waldes Pracht, und die Fluth im Falle,
Und der Sonne Spätglühn — sie liebt' es alle!

2.

In der Indischen Nacht tiefdunkelm Blau
Aufging der Mond, eine hehre Schau.
Langsam vom See kam der Knabe zurück —
O, was war ihm begegnet? Der Schlange Blick,
Die mit giftigem Zischen das Rohr durchschleicht?
Hatt' ihn der Pfeilsprung des Tigers erreicht?
Nein! — doch wie Einer, der mannhaft stritt,
Mit zerrauftem Haar, mit wankendem Schritt,
Finster sein grollendes Aug' und trüb,
Auf der weißen Brust einen klaffenden Hieb,
Wund zum Tode — so kehrt' er wieder,
So vor der Mutter bleich sank er nieder.

„Rede! was ist's, daß dein Herzblut rinnt?
Rede! was ist dir geschehn, mein Kind?"
Auf der Stirne perlt' ihm der Todesschweiß,
Doch noch konnt' er stammeln — noch haucht' er leis
Eine wilde Kampfmähr: also gerächt
Habe sich Brama's finster Geschlecht!
Blutiger Tod sei des Moslem's Loos,
Der entweihend nahe des Waldes Schoos,
Der mit frecher Besudlung sein Lechzen stille
In der heiligen Fluth — so sei Brama's Wille!

Wirr ward sein Auge, starr sein Gesicht —
Doch die Mutter schrie nicht, zitterte nicht!
Athemlos kniete sie hin in's Blut,
Wollte küssend stillen die rothe Fluth —
Doch die rieselte zu! fortriß sie den Geist,
Wie ein Strom, der dahin eine Blume reißt!
Dunkel färbte sie rings den Kies —
Ach, und was nie noch sich halten ließ,
Was empor sich schwingt, indeß noch warm
Seine Hüll' uns ruht im pressenden Arm —
Es entwich auch hier! Noch ein Schläfenpochen,
Und das Antlitz war seellos, der Blick gebrochen!

Giebt es Worte nicht für dieß Eine Leid?
— Die es schmeckten in seiner Herbigkeit,
Frage die Tausende! — Nacht für Nacht
Hatte des Knaben Schlaf sie bewacht;
Athmend, wie gurrende Tauben schier,
War er entschlummert am Herzen ihr;
Drückte sie Gram — gleich dann, die Lust
Schmerzlich dämpfend der eignen Brust,
Hatt' er besorgt ihre Knie umfangen,
Und die Thrän' ihr geküßt von den Wittwenwangen;
Hatt' er gelacht ihr, wie Lenzestagen —
Jetzt lag er vor ihr: todt — erschlagen!

— Ach, zu lieben nur in einer Welt,
Drauf ein Jammer, wie der, seine Pfeile schnellt!
Stumm ihren Todten sah sie liegen,
Stumm und gefaßt, mit eisernen Zügen;
Kaum nahm sie wahr ihrer Diener Näh' —
Ihre Seele saß gemummt in ihr Weh'.
Auf die schweigende Lippe keinen Kuß
Sah man sie pressen; — kein Thränenguß
Rann auf sein Haupt, das im Tod noch schöne —
Zu gewaltig ihr Leid für Kuß und für Thräne!
In das halbgeschlossene Auge nur
Sah sie: — von Antwort keine Spur!
Da verhüllte sie jach so Stirn wie Brau,
Stürzte schreiend hin, die gebrochne Frau!

Aber ein Wechsel, mächtig und tief,
Weckt' ihren Geist, als er brütend schlief!
Wie erhob sie sich? Mit gerecktem Leib,
Wie aus finstrer Ruh' ein Prophetenweib,
Fuhr sie empor, stolz, fest und klar,
Warf aus dem bleichen Gesicht das Haar,
Trat mit der Kühnheit plötzlichem Blick
In der wundernden Sklavinnen Kreis zurück.
Ja, zum nächtigen Firmament mit Grollen
Eine Stirn erhebend, zorngeschwollen,

Drückte sie fest und mit krampf'ger Hand
An die schwellende Brust ihr blutig Gewand,
Rief: „Keine Ruh', kein Schlaf soll mich letzen,
Keiner Zähre Naß soll mein Auge netzen,
Bis die Stadt hier, durch der Meinen Stahl,
Liegt, ihres Opfers Todtenmal!
— Deckt die Leiche zu! tragt sie hoch voraus!
Bald sieht mich wieder dies Tempelhaus!"

Und sie zog mit der Bahre heimathwärts,
Ihres Schrittes Kraft war ein brennend Herz; —
Von der Sterne Leuchten mild beschienen,
Sah dem Todten nach der Hain der Braminen.

2.

Horch, ein wild Getön! 'S ist der Wüste Horn!
Um die Indische Stadt mit der Rache Zorn
Ras't es und gellt! Nun, Banner, flieg'!
Krieg nun in Indien! Moslemkrieg!
Der Bramine späht durch der Scharten Ritz: —
Seine Lauben durchzieht der feindliche Schütz;
Durch den Pisangschatten rings, den dunkeln,
Glitzert des See's und der Speere Funkeln;
Zitternd, gleichwie vom Sturm bewegt,

Biegt sich das Rohr, wenn der Hengst es durchfegt;
Und das Lager liegt, wie ein wogend Meer,
Rund um den schirmenden Waldbaum her.

Ragt ein prächtig Gezelt seitwärts im Feld —
Ein verwundet Herz pocht in diesem Zelt!
— O, ein Herz, das wund, ist tief ohne Grund!
Der sein Recht begehrt, laut schreit der Mund!
Und wie zorniger Gluthwind flammend tödten
Kann der Zorn der Liebe, die man zertreten!

So von Reich zu Reich war ihr Wort gedrungen,
War wie Trompetensturm erklungen;
Was sie auch sprach — sie war gewiß,
Daß es ein Schwert aus der Scheide riß!
Ha, wie der Tartar zu Roß gleich saß!
Nach dem Speer griff der Häuptling Arabia's!
Bis den Wall umfing eine Lanzenkette,
Bis es hieß: „In den Staub die Stadt der Städte!"
— So ihr flackernd Feuer schürte die Bleiche,
Kam dann zurück mit des Sohnes Leiche;
Eine fürstliche Feindin kam sie gezogen,
Kam mit Heeresmacht, kam mit Banner und Bogen;
Aber größ're Macht saß auf ihrer Stirn —

D a sah der Krieger glühn sein Gestirn!
Ihres Auges Blitz durch die Zeltereih'n
Ward vom Heer begrüßt als ein deutender Stein,
Und der schwächste Ton, ihrer Lipp' entflohn,
War Sibyllenhauch, war Orakel schon.

Bitterer Ruhm! — vom Gram geschenkt,
Der in Rache Lind'rung zu finden denkt!
Flüchtig und falsch! — das Herz nicht füllen
Kann er, noch auch die Sehnsucht stillen,
Die, ein tödlich Fieber, mit zehrendem Brand
In die Brust uns gießt ein zerrissen Band!
Von der Glorie, die sie licht umgab,
Wandte sie widernd und krank sich ab.
Schon ließ die Stärke der Mauern nach —
S i e welkte schneller von Tag zu Tag.
Ob das Horn erscholl, ob die Banner wallten —
Ach, konnte d a s ihre Seele halten?
Wie ein Aar, den ein Käfig eng umgattert,
Hatte den Staub sie wund geflattert,
Bis das Gitter zerbrach, das sie morsch umfing,
Bis durch Nachtgrau'n heim die Gefangne ging.

Gelb war der Himmel und rosenfarb,
Wie den Abend, an dem ihr Knabe starb.

Sie sah hin vom Pfühl — ach, ihr Herz war müd,
Aber Frieden bracht' ihm die Sonne, die schied.
Sie sprach: — ihrer Rede Sterbeton
Schien ein Echo von Stunden, die längst geflohn.
Eine Schlummerweise mit stillem Harm
Sang sie hinaus in des Lagers Alarm!
Oft vor Zeiten zu dem Gesange
Schmiegte sich an sie des Todten Wange!
Dachte sie dran? — Mit Einem Mal
Zuckt' es durch ihren Geist, wie ein Strahl;
Sie fuhr auf, wie aus Träumen jäh erwacht: —
„Daß ihr sein Grab neben dem meinen macht!
Wenn die Tempel fielen, tief im Schatten
Sollt' ihr am See uns prächtig bestatten!"

Und sie fielen! — Sie doch erlebt' es nicht!
Todt schon fand sie der wilde Bericht!
O, wohl rächten ihre Geschwader gut
Das gebrochene Herz, das vergossene Blut!
Durch die Thore der Stadt mit rasselndem Köcher
Sprengte der Tartar, der blut'ge Rächer;
Frei flog die Gluth um die Marmorquadern,
Und die Ströme flammten, wie Kriegeradern;
Durch die breiten Gassen sprang das Schwert,
Wie der Panther auf seinen Raub losfährt —

Bis ein Trümmergurt um den Wald sich erhub,
Wo den Sohn und die Mutter man begrub.

In der Ebene lagen Säul' und Thurm,
Bäumen gleich, die gefällt der Sturm;
Buschwerk rankt' am Portal sich fest,
Des Rajah Thron war der Schlange Nest,
Ueber'n Altar hin sprang das Jungle=Gras —
Und das Alles durch einer Mutter Haß!

Die Indianerin.

(Long: Expedition to the source of St. Peter's River.)

Auf einem Strom fern in des Westens Wäldern,
Durch seiner Ufer grüne Schatten dringend,
Hinschoß ein Boot: entsetzlich war die Hast
Der schwachen Barke, die, gleichwie ein Blatt
Vom Hauch des Sturms, hinabgetragen ward,
Bis wo durch Schaum der Katarakt erbrauste.
Doch in ihr, stolz und furchtlos, ganz allein —
Nur daß ein Kind an ihrem Busen schlief —
Hoch stand ein Weib: auf ihrer braunen Stirn
Saß eigne Lust, und im Triumphe schier
Entwallt' ihr schwarzes Haar. Sie drückt' ihr Kind
In seinem Schlummer an ihr klopfend Herz,
Und dann erhob sie ihre süße Stimme,
Die laut und wild aus dem Getös der Fluthen
Empor sich schwang: — es war ihr Todeslied!

O roll' hinab zum Geisterland, du Strom so hehr und groß!
Der Ströme Vater du, roll' hin! birg uns in deinem Schooß!

Der Vogel, den der Sturm gelähmt, sucht Ruh' im Sonnenschein,
Und die Hindin, die der Pfeil verletzt, entflieht zum Balsamhain.

Roll' hin! — denn meines Kriegers Lust ist jetzt Ihr Angesicht;
Aus seiner Seele schwand mein Bild — so schwindet Mondenlicht!
Nicht mehr beschleicht mein Schatten ihn, mein Flüstern ihn im Traum;
Er brach das Schilf — so rolle doch! hoch spritzen laß den Schaum!

Die Stimme einer andern Zeit ist ihm ein fremder Gast,
Doch mir ertönt sie wie Musik, und läßt mir keine Rast;
Sie singt ein leis und traurig Lied von Freuden, die vorbei;
Ich kann nicht leben ohne Licht — roll' hin, und mach' mich frei!

Vermißt er nicht den frohen Tritt, der ihm entgegen sprang?
Die Liebe, die wie Sonnenschein in unsre Hütte drang?
Die Tisch und Lager ihm gedeckt, vermißt er nicht die Hand?
Er mißt sie nicht! — du schwarzer Strom, roll' in ein besser Land!

Ein sel'ger Brunnen sprudelt dort, ein Brunnen tief und hell:
Vielleicht, daß all' mein Herzeleid hinwegspült dieser Quell!
Ein sanfter Wind in jenem Land weht allen Kummer fort,
Den Gram bei Tag, den Gram bei Nacht — o, wären wir schon dort!

Und du, mein Kind, geboren zwar, gleich mir, zu Frauenschmerz:
O lächle nur, o spiele nur, nicht welken soll dein Herz!
Du bist zu schön, du bist zu süß, in Liebe zu vergehn!
Ich rette dich, du junges Reh, aus aller Stürme Wehn!

Hin zu den Lauben, lichtumstrahlt, wo man kein Weinen hört;
Wo nie, wer hart und lieblos ist, im süßen Schlaf uns stört,
Und wo die Seele neu erwacht zu frischem Jugendmuth —
Ein Augenblick, und wir sind dort! — roll' hin, du dunkle Fluth!

Eine romantische Stunde.

Von dichtem Laube war ich rings umgittert,
Und drunter tönt' es, wie der süße Schall
Von Kindesathmen; — oft auch kam's gezittert,
Gleichwie auf Wasser leisen Regens Fall.
Die Eichenschatten lagen auf dem Grünen,
So tief, so still, daß sie gemalt nur schienen,
Und eine Quelle mit melod'schem Laut
Rann, wie ein Traumlied, durch das Farrenkraut.
Ein grünlich Licht — es flammte, wie im Gras
Des Glühwurms Schein — brach aus den Buchenästen,
Und floß auf's Blatt, in dem ich sinnend las
Von Ritterthum und königlichen Festen —
Ein Palästinisch Buch! * — In Einsamkeit
Flog unterdeß die Biene durch die Ranken,
Ein schläfrig Horn, das summend uns Gedanken
Von Waldlust bringt und sommerlicher Zeit.

* Walter Scott's „Talisman."

Dann, gleich dem Wurfspieß einer Blumenfee,
Schwang die Libelle flott sich in die Höh',
Und süßes Girren sagte, wo der Tauber
Tief in der Waldschlucht saß. —
Doch bald entschwand
Das Aeußre mir, als schwelgend nun den Zauber
Der prächt'gen Sage meine Seel' empfand.
Was ich vernahm, nicht waren's Blätter nur:
Ein Syrerwind mit frischem Stoße fuhr
Durch's Löwenbanner! — nicht allein den Bach
Hört' ich im Grase: wild, mit grellem Schrei,
Erscholl ein Heerhorn in der Wüstenei —
Ein saracenisch Horn! Lang hallten's nach
Die glüh'nden Höh'n. — Gleich schwarzen Wolkenzügen
Sah durch den Sand ich schnelle Rosse fliegen;
Aufstiegen Zelte, Speer und Flamberg blitzte,
Wo diamanten eine Quelle spritzte,
Umrauscht von Palmen — dann aus voller Brust
Losbrach Altenglands ungebundne Lust,
Indeß der Himmel, dunkelblau und gülden,
Sich Spiegel schuf aus den gewölbten Schilden.
Und Harfen hört' ich — in den Wiederhall
Fürstlicher Freude floß der Saiten Schall.
Der Glanz erlosch! — aus seinen prächt'gen Kreisen
Was rief zurück mich zu des Alltags Gleisen?

— Ruf meines Kindes! — und verschwunden war
Horn, Harfe, Banner, Saracenenschaar.
Und daß sie floh'n — kaum konnt' es trüb mich machen,
So sprang mein Herz bei jenem süßen Lachen.

———

Die Zugvögel.

Vögel, o Vögel, von wannen so leicht
Kommt ihr geschwirrt, wenn der Winter entweicht?
— „Wir kommen vom Land, wo der Nilstrom zieht,
Von der Flur, wo die Rose von Saron blüht,
Von den Palmen an indischer Ströme Saum,
Von Arabia's Weihrauch und Myrrhenbaum.

„Wir flogen durch Städte, berühmt im Lied —
Sie liegen verwaist, wo die Wüste glüht.
Und wir flogen hin über brausende Fluth,
Dunkel vordem von Gefallener Blut;
Und wir wurden matt, und wir fanden Rast
An des Landmanns Gesims und am Steinpalast."

O sagt an, was ihr fandet im Fürstendom,
Seit zuletzt ihr geschwirrt über Meer und Strom?
— „Alles war anders, o trüber Flug!
In der Halle des Festes ein Leichentuch!
Roth, wie von Herzblut, war Estrich und Flur;
Nichts mehr, wie sonst — unser Nestlein nur!"

Vögel, o Vögel, so war es allzeit;
Durch die Hallen der Könige schreitet das Leid!
Doch im Thale das Dörfchen, wie liegt es versteckt,
Und die Berge stehn Wacht, daß kein Sturm es schreckt.
Sagt, was ihr fandet in Hof und Gemach,
Seit zuletzt ihr umflattert des Landmanns Dach?

„Alles war anders — und anders sehr!
Gruß und Gesichter — und was noch mehr!
Auf das Haupt der Alten warf man die Scholl',
Und der Jungen Antlitz war sorgenvoll;
Von den Kindern, den spielenden, keine Spur —
Nichts mehr, wie sonst — unser Nestlein nur!"

O, die rastlos wandernd die Schwingen ihr stählt,
Vögel, o Vögel, was habt ihr erzählt!
Doch, führt euch durch der Lüfte pfadlos Revier
Eine Hand und ein Führer — was zitterten wir?
Grünt für euch stets ein Zweiglein, auf das ihr euch setzt:
Wir auch wollen finden die Heimath zuletzt!

Der Sonnenstrahl.

Du bist kein Zaubrer im Fürstenschloß,
Eine Freude bist du, ein froher Genoß!
Bist ein Hoffnungsbringer für Berg und für Thal —
Ist ein Segen, wie deiner, o Sonnenstrahl?

Du beschreitest die Fluth, und der Ocean lacht,
Seine tausend Inseln umsprühst du mit Pracht;
Du flammst auf die Schiffe, du flammst auf den Schaum,
Den Matrosen erquickst du, wie Heimathstraum.

Durch die Tiefen der Waldnacht zittert dein Glühn,
Golden durchbrichst du ihr schattig Grün,
Und wie Feuerfliegen, flatternd und grell,
Spiegeln die Blätter sich unten im Quell.

Auf die Berge schaut' ich — ein Nebeltuch
Umwallte finster den Höhenzug;
Du zertheiltest es licht, und den Berg umfing
Ein Gewand von Feuer, ein Flammenring.

Ich erblickte des Landmanns bescheiden Haus —
Fast wie traurig schaut' es in's Land hinaus;
Bis ein Schimmer von dir ihm in's Fenster sah —
O, wie stand es fröhlich, wie lacht' es da!

Du besuchst die fernste, die wildeste Statt,
Glühst die Wildniß an, wie der Rose Blatt;
Auf ergrauende Trümmer ein freundlich Licht
Und ein Lächeln zu werfen verschmähst du nicht.

Durch die Dämm'rung des Münsters kommst du geflammt;
Da, wie Feuer, lodert des Betstuhls Sammt;
Um der alten Trophäen marmorne Reih'n
Zuckt, wie brennendes Gold einer Glorie Schein.

Und du fliehst nicht, wo niedrig ein Grab auch steht,
Drauf im seufzenden Wind eine Blume weht;
Du erhellst seine Gräser mit Licht und mit Lust,
Und in Liebe schläfst du auf seiner Brust.

Hoffnung des Meers und der Wildniß Glück,
Sonne des Sommers — was gleicht deinem Blick?
Eines! — der Glaube, der, was er berührt,
Mit den leuchtenden Farben des Himmels ziert.

Nachtlied zur See

Dunkel braust das Meer,
Bangen Hauchs die Winde flüstern,
Meeresvögel, träg und schwer,
Flüchten ängstlich sich im Düstern.
O, bei Sturmeswehen,
Der du aus den Höhen
Hörst, was deine Kinder flehen —
Hör', o Vater, hör'!

Finster ist die Nacht,
Mond und Sterne sind verschwunden;
Wen der Glaube sehend macht,
Hat das rechte Licht gefunden.
Du, der du inmitten
Zorn'ger Fluth geschritten,
Noch einmal, hör' unser Bitten —
Dein, Herr, ist die Macht!

Lied der Auswanderer.

Da erscholl ein Lied auf der tönenden See,
Ein gemischtes Athmen von Lust und Weh';
Stimme des Mannes, kräftig und rauh,
Füllte mit Jubel das sonnige Blau;
Von den Wäldern, die nie noch ein Fuß durchzog,
Jauchzte sie, während die Barke flog.

Doch zu ihrem scholl ein Lied,
Von Ergebung voll und Gram,
Und sein Klageton verrieth,
Daß von Weibes Mund es kam.

„Hinaus, hinaus, und über das Meer!"
— So auf dem Deck sang der Männer Heer.
„O, ein hellerer Himmel wölbt sich uns fern,
Unsern Weg dort zeigt uns ein lichterer Stern!
Dort sind Ebnen — Keinem noch gaben sie Rast!
Für den ersten sind sie, den tapfersten Gast!"

„Doch, o Gott, wir wandern trüb,“
— Sang der Abschiedschor sodann —
„Aus den Häusern, traut und lieb,
In des Bachs, der Bergschlucht Bann!“

„Neue ja bau'n wir, wo Blatt und Zweig
Um die Stirn uns blitzen, Juwelen gleich;
Ziehn die Ranken der Rebe bis hoch an's Dach,
Daß ihr Laub uns am Abend beschatten mag,
Wenn hinaus wir schau'n nach den läutenden Küh'n
Und der stillen Savanna wogendem Grün.“

„Ach, wir ziehn und tragen Leid
Um die Linde, frisch und kühl,
Die mit Blüthen überschneit
Unsrer Kinder erstes Spiel!“

„Unser der Wald und des Waldes Gethier!
Freier durchbricht ihn der Hirsch nicht, als wir!
Keiner, der spräche: „Nicht weiter! halt!“
Unser die Steppe, so weit sie wallt!
Unser das Elenn, stattlich und schnell,
Unser sein Mark, und unser sein Fell!“

„Doch, ach, das Kirchlein grau,
Und der Sabbathglocke Schall,
Und das Gärtchen und die Au' —
Uns entschwunden sind sie all'!"

„Ströme des Westens, glänzend und rein,
Unsre dreisten Namen woll'n wir euch leih'n!
Wollen sä'n im Gefild unsres Fleißes Saat,
Wollen lassen im Forst unsrer Wagniß Pfad,
Und am frischen See unser frisches Thun,
Wo die Indierfürsten, die alten, ruh'n!"

„Doch die Blumen, süß und bunt,
Unsrer Kinder Lust — wer lehrt
Sie umduften fremden Grund?
— O, lebt wohl, Heimath und Heerd!"

Kirchenmusik.

— Rings die Schaar
Sang Hallelujah, gleich dem Ton der Meere.
Milton.

Noch einmal — o, noch einmal dieses Schallen!
Durch's Dach zum Himmel schwing' es sich empor!
Die alten Gräber lass' es wiederhallen,
Und weh'n die Banner lass' es über'm Chor!

Noch einmal sing' es! — meiner Seele Flügel
Enthebt es jubelnd der Vergangenheit,
Dorthin empor, wo ihres Friedens Spiegel
Kein irdisch Trachten störend mehr entweiht!

Vom Himmel kommt's! — Und doch im Auge schwellen
Fühl' ich die Thräne, die das Herz vergießt,
Indeß entzückt in jenes Wohllauts Wellen
Mein sel'ger Geist, mein trunk'ner Geist zerfließt.

Warum durch Zeichen so, die Schmerz verkünden,
Begibt die Lust sich ihres hellsten Scheins?
— O, ist es nicht, daß wir gebeugt empfinden
Im höchsten Stolz die Grenzen unsres Seins?

Englands Todte.

Sohn der Insel fern im Meer
Von den mächt'gen Todten sprich!
Welch ein Denkmal überragt sie hehr?
Führ' an ihre Gräber mich! —

Auf, o Fremdling! frisch entrollt
Deine Segel! miß die Fluth!
Keine Welle schäumt, kein Sturmwind grollt,
Wo kein Held aus England ruht!

Auf Egyptens heißer Flur,
Wo zur Sonne Memnon spricht,
Grimmig lodernd herrscht der Mittag nur,
Und die Palme schattet nicht.

Was — und ob auf glüh'nder Bahn
Alles rings die Sonne dorrt,
Nicht mehr weckt sie, die ihr Werk gethan —
Englands Todte schlummern dort!

Der Orkan mit seiner Macht
Fährt durch Indien wild und frei,
Und am Ganges durch die Mitternacht
Rollt des Tigers dumpf Geschrei.

Was — und roll' es noch so graus!
Nicht erreicht es mehr den Port,
Wo sie ruh'n von ihrer Arbeit aus —
Englands Todte schlummern dort!

O, wie springt der Felsbach kühn
Von Gebirgen schroff und steil,
Fern im Westen, wo des Urwalds Grün
Frei durchschwirrt des Jägers Pfeil!

Was — und rauscht die Fluth auch wild,
Schwirrt der Pfeil auch fort und fort:
Nicht erweckt's die Schläfer im Gefild —
Englands Todte schlummern dort!

Durch die schnee'gen Pyrenä'n
Zieht der Sturmwind mit Gebraus;
Wie die Weste Rosenblätter sä'n,
Trotzig sä't er Tannen aus!

Was — und ob mit zorn'gem Schall
Er zerbricht des Waldes Hort!
Blut geflossen ist auf Ronceval —
Englands Todte schlummern dort!

Wo des Eismeers Woge stürmt:
Schrecklich tönt des Führers Pfiff
In der Stunde, wenn das Eis sich thürmt
Um ein edel Britenschiff!

Mög' es treiben ohne Rast;
Bläulich dehn' es sich im Nord!
Ihre Fahrt ist aus mit Flagg' und Mast —
Englands Todte schlummern dort!

Die da kühn gezuckt den Stahl,
Fern und nah für englisch Land —
Sind die Felsen nicht ihr Todtenmal,
Ist ihr Grab nicht Meer und Strand?

Drum, o Fremdling, frisch entrollt
Deine Segel! miß die Fluth!
Keine Welle schäumt, kein Sturmwind grollt,
Wo kein Held aus England ruht!

Troubadour-Lied.

Der Krieger zog auf's Meer hinaus,
Zu Gefecht und Bannerweh'n —
Das Mädchen blieb im sonnigen Haus,
In der Heimath, still und schön.

Seine Stimm' erscholl bei Schwert und Spieß,
In des Handgemenges Staub;
Ihr Wandeln war durch Blumen süß,
Und ihr Sitz im Rebenlaub.

Seine Lanze barst und sein Visier,
Um sein Haar floß Blut und Schaum; —
Die Brust indeß zu fächeln ihr,
Weht' ein Sommerlüftchen kaum.

Doch kehrt' er wieder auf der Fluth;
Schwert und Pfeil — was focht ihn an?
Sie aber starb, wie die Rose thut,
Die ein Hauch schon tödten kann.

45

Wie die Rose stirbt, wenn der Sturm sie faßt,
Der da heult so dumpf und hohl —
In ihr sonnig Haus trat der Tod als Gast — —
O, wie fand er dort sie wohl?

Die gebrochene Kette.

Ich bin frei! gesprengt ist die Kette, das Thor!
Mit dem jungen Adler steig' ich empor!
Meine Barke durchschneidet die Wellen kühn;
Wo der Wind streift, da streif' ich — frei darf ich ziehn!

Den Berg herab lustig der Waldstrom braust,
Durch die Luft nach Gefallen der Vogel saust,
Der Pfeil fliegt schnell durch den pfeifenden Wind —
Und ist nicht mein Geist, so wie diese sind?

O, der Erde Grün und der Blumen Schmelz,
Und die Stimmen, schmetternd durch's Laubgehölz,
Und der klaren Brunnen lachender Schein,
Durch die Thale leuchtend — o, Alles mein!

Durch die Wüste jag' ich mein schäumend Thier,
Nehm' die Winde des Morgens zu Sporen mir!
Nur hinein in den Sturm, in der Blitze Gesprüh,
Ich bin frei, ich bin frei — ich bin freier, als sie!

Gefangner! und bist du Gefangner nicht mehr?
Bist frei in der Wildniß und frei auf dem Meer?
Ja, du bist's! aber dort nur! dort schwingst du dich kühn;
Doch, du Trotziger, kannst du den Menschen entfliehn?

Wenn's Vöglein betrübt ist, so schweigt sein Gesang,
Bis sein Trauern vorbei und sein Herz nicht mehr bang.
Doch du, wenn vor Weh dir das deine bricht,
Bist zu stolz — deine Thränen zeigen es nicht!

Wenn im Geiste dir der Gedanken brennt,
Ist die Lippe so kühn, daß sie feurig ihn nennt?
Bei des Festes Gewühl, bei des Mahles Lust,
Darf dein Antlitz verrathen die Qualen der Brust?

Nein, tief mit dem Pfeil im Busen, o Gott,
Mußt die Wunde du bergen — du fürchtest den Spott!
Mußt den Mantel falten, ängstlich und scheu,
Und mußt lachend sagen: seht her, ich bin frei!

Mit dem Tode nur deine Kette reißt,
Durch Aller Gewalt über Eines Geist!
Auf Herz und auf Lippe, da liegt sie wie Blei —
Träumer, o Träumer! wer ist denn frei?

Des Kindes erster Kummer.

„O, ruft den Bruder, ruft mir ihn!
Nicht gern spiel' ich allein!
Der Sommer kommt mit Blum' und Bien'!
Wo mag mein Bruder sein?

„Der Schmetterling, o, wie voll Pracht
Glüht er im Sonnenschein!
Was kümmert jetzt mich seine Jagd!
Ruft mir mein Brüderlein!

„Die Blumen ranken wild umher,
Die er gepflanzt mit mir;
Der Weinstock sinkt, von Trauben schwer —
O, wär' mein Bruder hier!" —

„„Geliebtes Kind, er hört dich nicht,
Kann dich nicht mehr verstehn!
Du wirst sein Frühlingsangesicht
Nicht mehr auf Erden sehn!

„„Ein Rosenleben hier war sein,
Kurz, frisch und thaubenetzt;
Geh', liebes Kind, und spiel' allein!
Im Himmel weilt er jetzt!"" —

„O, daß er seine Vögel ließ!
O, daß er mich nicht hört!
Ist's wahr, daß aus dem Paradies
Er niemals wiederkehrt?

„Kommt er nicht mehr zu Wald und Bach?
Wie bin ich doch betrübt!
Mein Brüderchen, wie wollt' ich, ach,
Daß ich dich mehr geliebt!"

Das bessere Land.

Ein besseres Land nennst du entzückt?
Seine Kinder, sagst du, sind reich und beglückt?
Mutter, wo mag sein Ufer scheinen?
Laß es uns suchen und nicht mehr weinen.
Ist's, wo im Myrthenhain rastet der Hirt,
Wo die Feuerfliege das Laub durchschwirrt?
— Da nicht, da nicht, mein Kind!

Ist es, wo schlank die Palme steht,
Das Haupt von gefiederten Büscheln umweht?
Auf Inseln in ewig heitern Zonen,
Wo duftende Wälder die Blüthenkronen
Schütteln, wo Weihrauch die Staude schwitzt,
Wo der Vogel des Paradieses blitzt?
— Da nicht, da nicht, mein Kind!

Ist es, wo über Geschiebe von Gold
Brausend die Welle der Ströme rollt?

Wo feurig im tiefen Dunkel der Minen
Diamanten funkeln und rothe Rubinen?
Wo die Perle glänzt am Korallenstrand?
O Mutter, ist dort das bessere Land?
— Da nicht, da nicht, mein Kind!

Kein Auge sah es, mein Sohn! kein Ohr
Vernahm seiner Stimmen jauchzenden Chor.
Seine Pracht — kein Träumender sah im Schlummer
Solch Leuchten! — fern bleiben ihm Tod und Kummer!
Nie zerstört die Zeit seinen Glanz, seinen Duft;
Jenseits der Wolken, jenseits der Gruft
Da ist's, da ist's, mein Kind!

Weit entfernt.

Weit entfernt! — O, meine Seel' ist fern,
Wo in's Meer die schroffen Felsen springen;
In den Blumen, o wie gern, wie gern
Hör' ich wieder meiner Schwester Singen —
Weit entfernt!

Weit entfernt! — Mein Träumen, es ist fern,
Wenn die Sterne Nachts am Himmel scheinen!
Meine Mutter ruft: o, kehre gern,
O, komm wieder, Kind, komm zu den Deinen —
Weit entfernt!

Weit entfernt! — Mein Hoffen, es ist fern,
Wo sich Lust und Liebe neu verbinden!
O du Taube, zieh'nd von Stern zu Stern,
Leih' mir Flügel, jenen Strand zu finden —
Weit entfernt!

Grablied zur See.

Schlaf'! — Wir geben dich der Fluth,
Roth von der Gefallnen Blut;
Ehre dem, der also ruht, —
O, leb' wohl!

Schlaf'! — Du nahmst dein wogig Feld!
Meer und Himmel sind dein Zelt!
Deine Leichensalve fällt
Dumpf und hohl!

Einsam in des Meeres Schooß
Unbeweint und grabsteinlos,
Ruhst du, den sein Todesloos
Jählings traf!

Doch dein Mal, mit blut'gem Schein
Flatternd durch der Seeschlacht Dräu'n,
Soll die Rothkreuzflagge sein —
Schlaf', o schlaf'!

O ihr Stimmen.

O ihr Stimmen, meinen Heerd umsingend,
Süß wie Maiwind athmet ihr mich an;
Kehrt' ich heim, ein müdes Herz euch bringend,
Grüßtet ihr wie sonst den Wandersmann,
Einmal noch?

Nimmer, nimmer! Seit ich euch gemieden,
Floh der Frühling — lang schon ist die Zeit!
Auf das Grab der Guten, die geschieden,
Hat der Sommer Rosen wohl gestreut
Oefters schon!

Und wenn leis ihr auch mein Herz umflüstert,
Süße Stimmen — kaum noch regt es sich!
Meine Seele hat die Zeit verdüstert,
Frühlingstöne grüßen nimmer mich —
Nimmermehr!

Was da frei, das ist mein Traum.

Was da frei, das ist mein Traum!
Eine Barke, fluthgewiegt,
Die sich Bahn macht durch den Schaum,
Wie ein Pfeil zum Ziele fliegt!
Dann ein Hirsch im grünen Wald;
O, wie wirft er sein Geweih!
Tausend Bäche, klar und kalt —
Alles, Alles, was da frei!

Dann ein Aar, der trotzig kreist
Um der schroffsten Berge Zug;
Ich erblickt' ihn jüngst im Geist,
Hörte rauschen seinen Flug.
Einen Strom schritt ich hinan,
Dicht umweht von Busch und Baum,
Ohne Segel, ohne Kahn —
Was da frei, das ist mein Traum!

Ein beglücktes Kind im Hain,
Das mit Blumen spielt und Reh'n;
Indier, die bei Sternenschein
Durch des Urwalds Dickicht gehn;
Jauchzend Volk auf Siegesstätten,
Bogenschütz am grünen Baum: —
O, mein Herz liegt wund in Ketten,
Und was frei, das ist mein Traum!

Fern über'm Meer.

Wo, wenn der sonnige
Rebenberg leer,
Wo zieht der Winzer Schaar
Jubelnd einher?
Wo liegt das schöne Land,
Drin meine Wiege stand?
Fern über'm Meer!

Wo weht der Abendwind
Myrthenduftschwer,
Säuselt der Taube zu:
„Nacht wird's, komm her!"
Wo meiner Heimathfluth
Glüht der Orange Gluth?
— Fern über'm Meer!

Wo wacht ein Aug' für mich,
Wacht, ob ich kehr'!
Wo zu der Eiche Weh'n
Murmelt das Wehr?

Wo noch von heil'ger Zeit
Redet das Nachtgeläut?
— Fern über'm Meer!

Zieh', o du Winzerschaar,
Jubelnd einher!
Weh', meines Vaters Baum,
Lustig um's Wehr!
Heimath, o lächle lind,
Siecht auch und stirbt dein Kind
Fern über'm Meer!

Der Engel Ruf.

Flüstern, horch, und Engelwort;
Schwestergeist, zieh' mit uns fort!

Komm in des Friedens Land!
Komm, wo des Sturmes rauhe Stimme schweigt,
Komm, wo der Schatten von der Seele weicht,
Komm, wo das Leid gebannt!

Da drückt dich keine Furcht!
O, komm hinüber! Liebe nur und Ruh'
Weht dir der Taube weißer Fittig zu,
Die still die Luft durchfurcht!

Komm zu der Sel'gen Schaar!
Bei den Gerechten, die des Lammes Stadt
Aus allen Landen sich berufen hat,
Ausruhst du immerdar!

O, lang warst du allein!
Zu deiner Mutter komm! — am Sabbathstrand
Siehst du nicht winken der Geliebten Hand?
O komm! kehr' bei ihr ein!

In Schweigen ließ man dich!
Zu deinen Schwestern komm! — Du hörst sie schon:
Ihr jubelnd Lied, ein einz'ger süßer Ton,
Begrüßt dich freudiglich!

Auch deine Sonne scheint!
Sturm bog dein Haupt, als wär's ein Weidenast:
Zu deinem Vater komm! — du hast nun Rast!
Du hast nun ausgeweint!

Jetzt wirst du selig sein!
Kein Wechsel waltet, wo du weilst hinfort!
Und, ha! den Tod bezwang die Liebe dort!
Zu deinem Gott geh' ein!

Verwandte Herzen.

O, forsch' und frag' auf Erden nicht
Zu warm nach Mitgefühle! —
Draus sprudelnd Eine Quelle bricht,
Der Herzen gibt's nicht viele!
Und die es giebt: vereinigt sah
Sie nie noch Eine Stelle;
Es wäre sonst das Leben ja
Zu schön für seine Schnelle!

Das Auge deines Bruders sieht
Vielleicht nicht, wie das deine,
Zum Himmel, wenn er brennend glüht
Im blut'gen Abendscheine;
Bei Veilchenduft und Lenzeswehn
Und bei der Amsel Locken —
Dein Auge wird dir übergehn,
Sein Auge bleibt ihm trocken!

Ein Lied von Zeiten, die geflohn,
('S ist süß, ihm trüb zu lauschen!)
Entfernter Abendglocken Ton,
Bei Nacht der Wellen Rauschen;

Der Winde stürmischer Akkord,
Ausschütternd unverdrossen: —
D i r ist das Alles Bild und Wort,
I h m bleibt sein Sinn verschlossen!

Doch darum nicht weis' ihn zurück,
Der Jahre lang dich liebte,
Der ansah deiner Kindheit Glück,
Und den dein Schmerz betrübte!
Und wenn er weinend mit dir stand
An Einem Todtenschreine;
Dich pflegte, warst du siech: — verwandt
Ist deiner Brust die seine!

Doch jene Kreise, licht und rein,
Drin sel'ge Geister schweben,
Wie Blumen wohl in Einem Hain
In Einem Lüftchen beben;
Doch jener gleiche süße Ton,
Verwandten Fühlens Zeuge:
O, träume länger nicht davon —
Gen Himmel sieh' und schweige!

An den Epheu.

(Als der Dichterin einige Epheublätter von der Ruine Rheinfels bei St. Goar zugeschickt wurden.)

Warum man deinen Stamm nur brach,
Daß er des Weingotts Haupt umfloß?
Was gab man dich nur bei'm Gelag
Der Rebe zum Genoß?
Epheu, dein ernst Geranke wallt,
Wo Keiner zecht, wo Keiner minnt;
Wo Lied und Becher einst geschallt,
Doch jetzt verklungen sind!
In gefall'ner Götter Hain——
Ist die Stätte dein!

Der Römer auf dem Schlachtgefild,
Der Römer einst, der Herr der Welt,
Hat zu Gesang mit dir verhüllt
Des Siegers blutig Zelt.
Wohl war es schön, wenn solche Pracht
Dein triumphirend Grün umgab,

Doch lieber, traun! ist dir die Nacht
Um eines Siegers Grab!
  Todtenurne, Leichenstein —
  Ihre Statt ist dein!

Der königlichen Todten Mal,
Drauf einsam Welschlands Sonne ruht,
Den Säulenschutt, den Fürstensaal —
Epheu, du kennst sie gut!
Und über Bergen, grün von Wein,
Wehst du herab vom Felsensprung,
Wo morsche Thürme stehn am Rhein,
— Am Rhein, der ewig jung!
  Thurm und Trümmerburg am Rhein,
  Epheu, Alles dein!

Von seinen Horsten trüb durch's Land
Schaut das gebrochne Ritterthum;
Der Degen fiel ihm aus der Hand —
Verschollen Harf' und Ruhm!
Du aber bleibst! — du, der da schwimmt
Wild in der sturmbewegten Luft!
Du, der die höchste Höh' erklimmt,
Und krönt die tiefste Gruft!
  Epheu, Epheu, Alles dein,
  Palast, Herd und Schrein!

Der Wandrer schreitet früh und spat,
Er eilt durch jeden Himmelsstrich,
Er geht der Zeiten stummen Pfad —
Schutt findet er und dich!
Und macht ihn auch dein Laub nicht irr,
Baut er auch rüstig immerzu:
Die Zeit, du „Epheu nimmer dürr“, *
Vergeht — und Herr wirst du!
Alle sind und werden dein:
Tempel, Säule, Schrein!

* „Ihr Myrthen braun und Epheu nimmer dürr.“

Milton, Lycidas.

Man mißt euch nicht, ihr schönen Blumen.

Man mißt euch nicht, ihr schönen Blumen, sprießend,
Wo Quell und Grotte ruh'n im Dämmerlicht;
Dort fällt der Thau, ein Mährchenland begießend;
Die Blätter tanzen — man vermißt euch nicht!

Noch spielt dein Schimmer auf des Waldsee's Stelle,
O Lilie! die dein Perlenkelch geziert;
Ihr schönstes Kind betrauert nicht die Welle,
Die Winde flüstern kalt und ungerührt.

Und Hyacinthe! fern jetzt zieh'n die Bienen,
Die deiner Glocken Zittern oft geküßt;
Ihr Blumen all', ihr duftetet im Grünen
Zu Aller Lust — und dennoch unvermißt!

Ihr, die ihr wuchset, Duft zu leih'n den Winden,
Und Fröhlichkeit der Sonne goldnem Licht:
Vermißt man so — weh' mir, müßt' ich's verkünden! —
Die Menschenblumen auch der Erde nicht?

Seit ich dich zuletzt gesehn.

Seit ich dich zuletzt gesehn,
Schwester, was ist dir geschehn?
Tief in deinem Auge liegt
Schwermuth, die mein Herz nicht trügt.
Wenn du sprichst — o, welch ein Ton!
Deine Kindheit ist entflohn.
Sturm hat deine Brust getrübt;
Schwester, ja, du hast geliebt.

Deiner Wangen Wechselgluth
Kündet nicht ein Herz, das ruht.
Wenn du gehst den Strom entlang,
Folgt ein Traum dir, schwer und bang.
In dem Thal und in dem Hain
Hörst du Lieder, die nicht dein.
Warum weinst du, bleich, gebückt?
Ach, die Lieb' hat dich geknickt!

Sag' mir nicht, wie Alles kam;
An mein Herz wirf deinen Gram.
Nichts von Träumen, die geflüchtet!
Nichts von Hoffen, das vernichtet!
Schweig', o schweig' von deinem Schmerz;
Lull' es ein, dein armes Herz!
Frieden such' im Vaterhaus!
Wein' an meiner Brust dich aus!

Mutter, o sing' mich zur Ruh'!

Mutter, o sing' mich zur Ruh'!
Wie noch in schöneren Stunden,
Sing' meinem Herzen, dem wunden
Tröstende Lieder sing' du!

Drücke die Augen mir zu!
Blumen die Häupter jetzt neigen,
Trauernde rasten und schweigen —
Mutter, o sing' mich zur Ruh'!

Bette dein Vögelchen du!
Stürme, ach, haben's entfiedert;
Liebe, sie drückt unerwidert; —
Mutter, o sing' mich zur Ruh'!

O, laßt sie ziehn.

Fern ist's, wo ihre Heimath lacht!
Und ihrer Augen Licht,
Am Himmel hat sie's angefacht,
Die Erde gab es nicht!
O, laßt sie ziehn!

Was sich auf Erden treibt und müht,
Sie sieht's, gleichwie ein Stern
Auf Angst und Wonne niederglüht,
So sanft und doch so fern!
O, laßt sie ziehn!

Mit Allem, was sie hofft und liebt,
Wie sehnt empor sie sich!
Der Taube schaut sie nach betrübt:
„O, trügen Flügel mich!"
O, laßt sie ziehn!

Kein wandernd Lüftchen, leicht beschwingt,
Haucht sie melodisch an,
Das nicht wie eine Botschaft klingt,
Ihr, die nicht weilen kann!
O, laßt sie ziehn!

In Traumeswolken eingehüllt,
Wie läßt die Welt sie kalt!
Ihr Sehnen ist das Lichtgefild,
Wo ihr Geliebter wallt!
O, laßt sie ziehn!

Die gebrochene Blume.

O, trag' sie an der Brust, mein Lieb,
Noch einen Augenblick!
Ihr Lächeln floh, ihr Reiz ist hin,
Ihr Duft doch blieb zurück.
Drum, einer Zeit zu lieb, die war,
Wirf sie nicht von dir, ach!
Sie blüht' in ihrer Schwestern Schaar
Einen langen goldnen Tag,
Mein Lieb!
Einen langen goldnen Tag!

Noch eine kurze Zeit, mein Lieb,
Soll dich ihr Duft umwehn;
An deinem Herzen soll sie ruhn,
Verwelkt und doch noch schön!
Doch selbst dein Herz nicht, warm und weich,
Schützt sie vor Todeshand:
— Oh! ich bin deiner Blume gleich,
Zu spät, zu spät erkannt,
Mein Lieb!
O Gott, zu spät erkannt!

Der letzte Wunsch.

Eil' in des Waldes Ruh',
Suche den Hügel du,
Wo, schwer von süßem Thau, die Veilchen liegen;
Schimmernd durch's Waldgesträuch,
Augen voll Schlafes gleich, —
O, laß sie bald an meine Brust sich schmiegen!

Brich sie mir, keins laß stehn;
Laß um mein Todbett wehn
Ein Wehn des Mai's, ein Wehn aus Waldesthalen;
Denn ach, mit Trauern nur
Scheid' ich von Wald und Flur,
Gern weilt' ich länger in der Sonne Strahlen!

Bliebe bei dir gern noch!
Weh, nicht vermag ich's! — Doch
Bring' an mein Lager froh'rer Stunden Zeugen!
Geh', wo ein dämmernd Licht
Grün durch die Blätter bricht,
Und auf der Quelle zittert unter Zweigen!

Kalt ist und klar die Fluth;
Ach, und ich weiß noch gut,
Wie feuchte Lilien nickend sie umspielen;
Geh' an des Stromes Bord;
Flüsterndem Schilfe dort
Nimm sie, mein Haupt, mein fiebernd Haupt zu kühlen!

Dann, wie zu bess'rer Zeit,
Geh' durch die Einsamkeit
Des alten Gartens, grün von Laub und Moose:
Dort, ihrer Blätter Schnee
Streu'nd auf des Rasens Klee,
Steht einsam trauernd eine weiße Rose.

Tauben umgirren sie
Bienen umschwirren sie,
Der alten Linde Wehn umrauscht sie trübe;
Brich mir zwei Blumen dort;
Zwei: — denn es ist der Ort,
Wo wir zuerst uns sagten unsre Liebe!

Geisblatt dann hole mir;
Hol's von der Gitterthür;
Hol's von der Hütte, die ich jüngst dir zeigte,

Als wir am Waldesrand
Wandelten Hand in Hand,
Geführt von des Johanniswürmchens Leuchte!

Bring' mir, o, bring' den Strauß!
Breit' ihn auf's Kissen aus —
Komm, daß ich zitternd jede Blume fasse!
Laß sie mir Traum verleih'n;
Träumend ist Alles mein:
Lenz, Jugend, Leben — Alles, was ich lasse!

Und wenn du fragst, warum
Ich dich im Thal herum
Und an des Stromes waldig Ufer schicke:
'S ist, daß in deinem Sinn,
Wenn ich geschieden bin,
Dir mein Gedächtniß jede Stätte schmücke!

In den Gebüschen dicht
(O, brich den Zauber nicht!)
Da will ich ewig, daß mein Bild dir glänze!
O mein Geliebter, nie,
Wo wir gewandelt, zieh',
Vergessend sie, die starb in ihrem Lenze!

Grabgesang.

Wo soll ihr Hügel stehn?
Wo wilde Blumen wehn
  Frei in der Luft!
Da, wo die Vögel ziehn
Durch junger Blätter Grün,
  Sei ihre Gruft!

Oft von der Welt verletzt,
Reich ihr, o Schlummer, jetzt
  Balsam die Füll'!
Laß sie, o Erde, nun
Weich dir am Busen ruhn,
  Tief, tief und still!

Murmelt, ihr Bäche kühl;
Winde, mit sanftem Spiel
  Zieht drüber hin!
Ueber ein Bett von Moos
Wo, in der Erde Schooß,
  Stürme sie fliehn!

Netzt auch des Regens Guß,
Labt auch der Lüfte Kuß
Nimmer sie mehr:
Immer doch wo wir stehn,
Müss' ihr ein Athmen wehn,
Heilig und hehr!

Drum, in Gesang und Duft,
Laßt ihr auf dunkler Gruft
Leben erblühn!
Drum, o ihr Veilchen blau,
Sprießt, wo im feuchten Thau
Betend wir knien!

O drum, wo Blumen wehn,
Laßt ihren Hügel stehn
Frei in der Luft!
Da, wo die Vögel ziehn
Durch junger Blätter Grün,
Sei ihre Gruft!

Lied.

Was weckte den Ton, der lang geruht
In Memnon's Harfe vor Zeiten?
Wer, an des Niles grüner Fluth,
Wer griff so kühn in die Saiten?
— O, nicht der Sturm und nicht die Nacht
Und nicht des Blitzes Feuer —
Das Sonnenlicht mit warmer Pracht,
D a s weckte die mystische Leier!
Das einzig weckte die Leier!

Was weckt des Herzens tiefen Klang
Zu reinen, innigen Chören,
Daß er, wie himmlischer Gesang,
Die Stürme mag beschwören?
— O, nicht Kampfgewühl und nicht Schwertesstreich,
Kein sieghaft Bannerschwingen —
Nur die Liebe, stark und gabenreich,
Erweckt der Seele Klingen!
S i e nur der Seele Klingen!

Die Träumende.

Deinen Träumen Friede! — du schlummerst nun!
Auf der Stirn dir seh' ich das Mondlicht ruh'n!
All' die Liebe, die fluthend dein Herz bewegt,
Hat im Schrein deiner Seele sich schlafen gelegt,
Wie der Blume Duft in des Kelches Verschluß,
Wenn die Sonne der Flur gab den Abschiedskuß.

Friede! — das Trübe, was durch den Tag
Wie ein schwer Gewicht auf der Brust dir lag;
Ihr Gedächtniß, die Wechsel und Tod dir geraubt,
(Er ergriff dich, wie Sturmwind der Weide Haupt!)
Und dein Sehnen nach Stimmen, die längst zur Ruh' —
Alles vergessen! — Schlaf' zu, schlaf' zu!

Ist es vergessen? — Ich fürchte: Nein!
Schlaf kann von Kummer das Herz nicht befrei'n!
Jetzt noch — wie seltsam bewegt dein Gesicht!
Ueber wellig Gras so läuft Schatten und Licht!
Zuckst du? — Der Gram, wie die Liebe, hat
Stürme selbst für das geschlossene Blatt!

Deine Lippe bebt: — auch die Leier so
Bebt, eh' ihr Tönen ganz entfloh! —
Auf der zitternden Wimper gesenktem Strich
Sammelt schwer und groß eine Thräne sich:
Aus den Wolken der Seele Gewitternaß —
Du bekümmert Kind, und ist Ruhe das?

'S ist der schaffende Geist — er läßt nicht nach!
S' ist die Liebe, bei welken Blumen wach!
O, was birgt nicht Alles ein Menschenherz:
Unergründlich Erinnern, maßlosen Schmerz!
Und die Leidenschaft, die es jählings füllt
Mit empörten Wogen — doch nie sie stillt!

O, sieh' zu, daß der bitteren wild Gewühl
Nicht den Frieden fortbraust von deinem Pfühl
O, sieh' bang hinein in die Seele dir —
Keine Rast, keine Flucht, kein Vergessen hier!
Wir gedenken, hüllt uns auch Schlummer ein —
Wird es im Tode besser sein?

Die Heimath an den Verlorenen.

O sag', wann willst du kehren
An's Herz der alten Zeit?
Zum Dunkel unsrer Föhren,
Zum Rauschen uns'rer Aehren,
Zu Früh- und Nachtgeläut?

Die Sommervögel rufen
Um Strohdach noch und Stall;
Noch springt die moos'gen Stufen
Hinab der Wasserfall!

Und tausend Blumen locken
Zu Bach und Felsenstück;
Der Wind küßt ihre Glocken --
Doch wann kehrst du zurück?

O, lang hast du gemieden
Der Heimath stille Lust,
Und ihrer Wälder Frieden
Erstarb in deiner Brust.

Was dir dein Lenz gegeben,
Du achtest es gering;
Dir ist des Laubes Beben
Ein längst vergessen Ding!

Allein wann kehrst du? sage! —
Die Blume, welk gemacht
Vom sengenden Mittage,
Erfrischt der Thau der Nacht!

Den Himmel, so die Wogen
Abspiegeln glatt und klar,
Hat Sturm oft überflogen —
Doch nicht für immerdar!

O, bring' und gib dich wieder
Der Wälder lust'gem Grün!
Der Vögel freie Lieder
Laß Haupt und Brust durchziehn!

Allein wann willst du kehren?
Manch rosig Angesicht
Hilft unsern Heerd verklären —
Warum das deine nicht?

Noch steht ein Platz dir offen
An deines Vaters Tisch!
O, täusche nicht ein Hoffen!
O, kehre warm und frisch!

Noch hält, dich zu begrüßen,
Die Mutter dir bereit
Den ersten, schmerzlichsüßen
Blick der Vergangenheit!

Noch, wenn Gebete schallen,
Ersehnt dich jeder Blick;
Verstohlne Thränen fallen —
O, wann kehrst du zurück?

Die Zauber der Heimath.

Durch des Waldes Hauch, der dein Haupt gekühlt
Auf der Moosbank, wo du als Kind gespielt;
Durch der Linde Flüstern, die leise weht,
Wo dein Elternhaus unter Blumen steht;
Durch den Duft der Primel sogar im Gras;
Durch der Laube Dämmern: — durch Alles das
Kehrt' ein Zauber in deinem Herzen ein,
Heilig und köstlich — o, warte sein!

Durch die Quelle, die mit lullendem Ton
Oft dich gesungen in Träume schon;
Durch des Epheu's Zittern, der windbewegt
Um die Rinne schwankt und an's Fenster schlägt;
Durch der Biene Lied und der Nachtigall,
Durch der Sonntagsglocken freudigen Schall,
Und durch jeden Laut, der dich sonst beschlich,
Fester und süßer umstrickt er dich!

Durch das Dämmerstündchen am Winterheerd,
Wenn der Abend Plaudern und Lust bescheert;
Durch das Mährchen, vor dem der Sandmann flieht;
Durch das Abendgebet und das Abendlied;
Durch das Auge, das strahlt, und den Mund, der lacht;
Durch den Handdruck und durch das „Gute Nacht!"
Durch den Kuß bei'm Scheiden und bei'm Empfang
Hält dich der Zauber dein Leben lang.

Segn' ihn, o segn' ihn! zerstör' ihn nicht!
Er ist dir ein Schirm und ein leitend Licht!
Er führte des Freien muthigen Schritt
In die Schlachten hinaus, die sein Bergvolk stritt;
Ließ den kehrenden Wandrer die Fluth bestehn,
Daß er sterbe, wo Lüfte der Heimath wehn;
Und zur Schwelle des Vaters — lang, ach, geflohn! —
Bracht' er zurück den verlorenen Sohn!

Ja! wenn voll Trotzes dein Herz sich vermißt,
Wenn es fahrig schweift, wenn es kalt vergißt;
Wenn der schwüle, sengende Hauch der Welt
Auf das Blumenbeet deiner Kindheit fällt:
O, dann denk' an die Moosbank du wiederum,
An des Epheu's Geräusch, an der Biene Gesumm;
Denk' an den Baum vor des Vaters Thür —
Neu so gewinnst du den Zauber dir!

Laetitia Elisabeth Landon.

(L. E. L.)

Der Spanische Page.

Er ein gefangner Knabe, und sie ein Fürstenkind!
Gleichviel! sie spielten Spiele, arglos, wie Kinder sind.
Ihr Haar floß oft zusammen, sie gingen Hand in Hand,
Doch zuletzt gab goldne Lösung zurück ihn seinem Land.
O, lieblich ist Sevilla, wenn Sommerlüfte wehn:
Doch schön auch ist Xenilla, und prächtig anzusehn.
Wie sprühn die Silberdächer, wie glühn die Minarets!
Um die Granatbaumgärten ein einzig Blüthennetz!

Doch seine Pracht auch schwindet: ein Heer hat es umstellt;
In den Lüften weht das Rothkreuz, und das Horn der Christen gellt.
In den Staub mit dir, du Veste, die im Sonnenscheine stand,
Deine singenden Silberquellen fülle Blut bis an den Rand!

Grimmen Sinns der Christenführer, eine Waise jung und kühn;
Seines Hauses Fall zu rächen, in die Feldschlacht zieht es ihn.
Er selbst einst war gefangen, bis ihn spanisch Gold befreit;
Es zurückzuholen hundertfach steht sein Kriegesvolk bereit.

Der Kampfruf scholl herüber, bis wo ein Mädchen lag,
Welkend wie alles Schöne; — ach, es währt nur Einen Tag!
Sie lag auf seidnem Kissen in stiller Träumerei;
Sie träumte von Glück und Kindheit, — da vernahm sie Weh-
geschrei.
Sie fuhr empor, sie fragte, die Sklaven schwiegen nicht;
Eine flücht'ge, dunkle Röthe überflog ihr bleich Gesicht.
Sie rief nach ihren Freunden, sie sprach manch leises Wort:
So wohl im Winde flüstert ihre Silberlaute dort!

Und wieder barg ihr Haupt sie tief in des Kissens Roth;
Sie senkte matt die Wimper — sie schwieg — es war der Tod!
Und noch denselben Abend, eh' die Sonne purpurn sank,
Wand langsam sich die Hügel ein Leichenzug entlang;
Sie ziehn einher mit Singen, die Todte tragen sie,
Die Wachen stehn und lauschen der Trauermelodie;
Sie tragen still die Leiche vor des Christenführers Zelt:
Bleich wird er, als sein Auge auf die bleichen Züge fällt.

Als wär's im ruhigen Schlummer, so lag das Maurenkind;
Ernst, mit gefaltnen Händen, wie des Frommen Hände sind;
Ihr schwarzes Haar gescheitelt auf der Stirne lichter Höh';
Ihre kalte Wange kälter, als Marmor oder Schnee.
Doch süßer, als Lebend'ges, traf sie des Kriegers Blick;
Erinnerung umschwebte sie und frührer Tage Glück!
Er kannte die Gefährtin, die Gespielin fromm und rein;
Des Kindes Treu' bewahrte sie — sie war im Tode sein!

„Sie bringt ihr mir in's Lager, zu lösen Stadt und Flur?"
Keine Antwort! — um die Zelte ein tiefer Schweigen nur!
Was das todte Mädchen wollte, Er allein hat es gewußt;
O, die Liebe nur kann lesen in der Liebe dunkler Brust!
O, wie redet diese Lippe, die dem Schweigen doch geweiht!
Von dem Glück der Kindheit spricht sie, von des Todes Heiligkeit!
Er verhüllt sein düster Antlitz, eine Mannesthräne fällt —
Um des todten Mädchens willen schont die Maurenstadt der Held.

Erwartung.

Sie schaut' hinaus zum Fenster —
O, ein lang und fragend Schau'n! —
Von des Frühroths goldnem Schimmer
Bis zum duft'gen Abendgrau'n!
Kalt und bleich der Sterne Licht,
Doch das Auge senkt' und schloß sie nicht.
Von der weißen Stirne dunkel
Wallt' ihr Haupthaar wundersam;
Schwer vom feuchten Thau des Abends,
Schwerer noch von Gram.
Mit den Schatten fiel es nieder;
Wie ein Bahrtuch flog's um ihre Glieder.

Als den Blick zuerst durch's Gitter
Durch das Land sie trug,
Da zu lesen war ihr Antlitz
Wie ein heiter Buch.
Ihre Wange glühte roth und frisch,
Lachend strahlt' ihr Aug' und schwärmerisch;

Jetzo lehnt sie sich mit Schmachten,
Bleich ist ihr Gesicht;
Nur auf der gesenkten Wimper
Schimmert Thränenlicht.
Dunkel kommt heran die Nacht,
Doch das bleiche, müde Mädchen wacht.

Siehst in der Geschichte
Du dein Loos, o Herz?
So nach nie Erreichtem
Schau'st du aus mit Schmerz!
Bis dein Auge, thränenschwer,
Schwinden sieht das Schöne um dich her.
Ach, du suchst und hoffst und härmst dich,
Sinkst ermattet hin;
Tag verwandelt sich in Dämm'rung —
Was war dein Gewinn?
Tod und Nacht, sie halten dich gebunden;
Was du suchtest, hast du nicht gefunden!

Der Hirtenknabe.

Wie aus alten Zeiten
Irgend ein Gesicht,
Zu der Heerde Läuten,
Die den Wald durchbricht:
So die Schlucht durchklingst du
Recht aus voller Brust;
Welch ein Lied doch singst du
In der Jugend Lust?

Oder singst du Klagen
Um dein niedrig Loos?
Wirfst dich mit Verzagen
Nieder auf das Moos?
Magst zurück nicht schauen,
(Ach, dein Gang war hart!)
Trübt der Zukunft Grauen
Deine Gegenwart?

Nein, du bist im Grünen
Heiter und beglückt,
Wo, besucht von Bienen,
Blatt und Blume nickt,
Wo mit goldnen Glocken
Schlank die Primel steht,
Und in dein Frohlocken
Süßes Läuten weht.

Treu und innig liebt ihn
Jede Creatur;
Berg und Wald umgibt ihn
Mit Gesängen nur!
Demuthvoll dein Streben,
Grad und fest dein Stab —
Viel ist dir gegeben,
Armer Hirtenknab'!

Das unbekannte Grab.

Ich weiß, wo einsam Einer ruht —
O Gott, wie still der Ort!
Um Orchis nur und Fingerhut
Entschwirrt die Biene dort.
Nie fällt die Morgensonne drauf: —
Ihr wehrt's ein grauer Stein!
Doch ist vollbracht des Tages Lauf,
Dann flammt er roth im Abendschein.
Die Lüfte glühn, die Halme beben,
Als wäre Hoffnung dort und Leben!

Dort schläft ein Mann, der im Gesang
Zurück uns ließ sein Herz;
Sein Herz, das Dem in uns nur klang,
Was aufstrebt himmelwärts!
Und was durch seine Saiten fuhr,
Was Dichteradern schwellt:
Der Jugend Lust, der Liebe Schwur —

Noch tönt es mächtig durch die Welt;
Doch keinen Namen hat er sich erworben,
Baar seines Ruhms ist er gestorben!

Viel Lieder hörst du, süß und voll,
Von Mund zu Munde ziehn,
Doch ihres Dichters Ruf verscholl,
Längst schon vergaß man ihn.
Die Sage nur, gebückt und grau,
Hält Wacht an seiner Gruft;
Ihr Weinen ist der Blume Thau,
Und ihre Mahnung Blumenduft;
Die er geliebt, ein werth Vermächtniß
Hält die Natur in Ehren sein Gedächtniß.

Es ist so schön, doch fass' ich's kaum:
Daß solch ein Geist, wo er gelebt,
Zuletzt mit jedem Elfentraum
Des Ortes innig sich verwebt!
Die Waldung prangt noch eins so grün,
Die Aeste regt ein leiser Wehn;
Für Lieb' und Recht ein wärmer Glühn
Erfüllt uns im Vorübergehn;
Behielt Ein Herz nur Eine Zeile,
Ein Schrein ist's, drin der Namenlose weile!

Die alte Zeit.

Rufst du zurück, was dir und mir gemeinsam
Nur noch im Schrein der tiefsten Seele weilt?
Den stillen Garten, still und, ach, so einsam,
Wo Frucht und Blumen wuchsen gleich vertheilt?
Wenn Schlüsselblumen wir gesammelt hatten
Am lust'gen Born, der durch die Wiesen floß,
Dann ging's zur Steinbank in des Birnbaums Schatten,
Der seine Blüthen auf uns niedergoß,
In der alten, alten Zeit,
Der lieben alten Zeit.

Nah war der Born, — da sahn wir Gräser schwanken;
Von manchem Unkraut war er überdacht!
Um seine Wände krochen Erdbeerranken
In ihres Blühens erster weißer Pracht.
Himbeer' und Flieder mischten ihre Blätter;
Im Duft der Bohne stand die Rose glüh;

Sie freuten alle sich im Sonnenwetter,
Das diesen Blüthe, jenen Frucht verlieh,
In der alten, alten Zeit,
Der lieben alten Zeit.

Nicht sprang ein Quell herab von Marmorstufen;
Allein die Bienen murmelten Gesang,
Wie lullend Wasser, und der Vögel Rufen
Scholl in den Zweigen ganze Tage lang.
Die Sonnenuhr stand auf dem sonn'gen Rasen:
Ernst maß sie Stunden, die uns lachend flohn;
Daß wir im Schatten ihre Ziffern lasen,
War es von Deutung für die Zukunft schon,
In der alten, alten Zeit,
Der lieben alten Zeit?

Vielleicht! — doch wenig drückt' uns noch im Leben,
Was uns hernach die Seele trüben kann;
Von Fee'n und Elfen waren wir umgeben,
Und wie ein Mährchen sah die Welt uns an!
Verblühte Dolden, die wir sacht zerbliesen —
O, welch ein groß Orakel war uns das!
Und zog ein Schauer über unsre Wiesen,
So waren Blumen unser Wetterglas,
In der alten, alten Zeit,
Der lieben alten Zeit.

Warm wird mein Herz, lass' ich vorüberziehen,
Was ich wohl kaum noch dir erzählen darf?
O, wer verstand denn all dieß tiefe Glühen,
Wer all die Liebe, die ich von mir warf? —
Der alte Garten! Seine Blüthentage
Flohn wie die unsern! — Alles, ach, zerstört!
Sein einz'ger Denkstein diese stille Klage,
Daß nimmer, nimmer für uns wiederkehrt
Die alte, alte Zeit,
Die liebe alte Zeit.

Der Nordstern.

(Der Dichterin letztes Lied, auf der Reise nach Cape Coast-Castle gedichtet.)

Ein Stern verließ das Firmament,
Ein Stern von milder Pracht;
So mancher andre strahlt und brennt,
Doch Er verließ die Nacht.

Verschwunden ist sein lieb Gesicht;
Ich liebt' ihn, ach, so sehr!
Den Freund, der mir von England spricht,
Der Heimath über'm Meer.

An Englands Himmel hob er sich,
Schien über englisch Land,
Mahnt' an manch liebend Auge mich
Und manche treue Hand.

O Gott, er war mein einzig Glück;
Er rief vergangne Zeit,
Rief Alles, Alles mir zurück,
Was hinter mir so weit!

Erloschen jetzt ist mir sein Licht,
Das über's Meer mich wies;
Wie dächt' ich nun der Freude nicht,
Die ich zu Hause ließ?

O, bitter war der Trennung Schmerz —
Ich mußt' ihn doch bestehn!
Und eine Ahnung hat mein Herz:
Ich werd' euch wiedersehn!

Euch wiedersehn mit tieferm Glühn!
Die Fern' erst zeigt den Werth
Von Allem, was wir weinend fliehn,
Von Freunden, Heimath, Heerd!

O Stern, ich sah dein Strahlenspiel
Zuerst glühn immerdar;
Bis es mir schwer auf's Herze fiel,
Daß ich die Einz'ge war!

Du aber sankst die Fluth hinab,
Erloschen ist dein Schein;
Mir ist, als trät' ich an ein Grab,
Und ständ' an ihm allein!

Leb' wohl! — O, könnt' ich eine Kraft
Ausüben auf dein Sprühn:
Ein Brief der Liebe, räthselhaft,
Um England sollt' es glühn!

Von Lieb' und Hoffnung süßen Traum
Entlockt' ich deinem Licht!
Für all mein Wünschen hätt' ich Raum
Auf deinem Kreise nicht!

O Täuschung, reich an Lust und Schmerz,
Und nutzlos doch: — entweich'!
Ihr Freunde, blick' ich in mein Herz,
Gleich auch erblick' ich Euch!

Mary Howitt.

Blumenlieder für Kinder.

1.

Der Ginster.

O, die Ginsterblum', die Ginsterblum'!
Keine Blum' im Wald ist bunter!
Und lieblich ist's am Sommertag,
Zu liegen mitten drunter!

Ich weiß das Land, wo Blumen sich
Zu Purpurlauben wölben;
Ich weiß, wo sie wie Sonnen glühn,
Die rothen und die gelben.

Ich weiß, wo schöne Damen stehn
Bei Palm' und bei Olive;
Die binden Blumen Strauß auf Strauß,
Und das sind ihre Briefe.

Doch dieser Blum' gleicht keine Blum'
In alt' und neuen Tagen;
Sie wird als wie ein goldner Kranz
Vom nickenden Stamm getragen.

Und rund um meiner Mutter Thür,
Da glitzern ihre Büsche,
Hinab durch's Thal, wo Quellenstrahl
Sie netzt in seiner Frische.

Nehmt alle mir — nur laßt mir d i e,
Und den Vogel drin, so lustig!
Ich lieb' ihn, weil den Ginst er liebt,
Den Hänfling dunkelbrustig!

Ihr sagt, die Ros' ist Königin!
Ihr preis't die Rose Saron's,
Ihr preis't der Lilie Marmorkelch,
Und die goldne Ruthe Aaron's!

Ja, preis't sie nur! Mir gilt es gleich,
Ich gönn' euch eure Freude!
Der Ginster ist die Blum' für mich,
Der Ginster auf der Haide!

O, die Ginsterblum', die Ginsterblum'!
Keine Blum' im Wald ist bunter!
Und lieblich ist's am Sommertag,
Zu liegen mitten drunter!

2.

Die Glockenblume.

Sie wächst am Haidesaum,
Wächst unter'm Waldesbaum,
Wie eine Elfin im Geräusch des Windes;
Leicht wie im Spätjahrwind
Fliegende Netten sind;
Sanft wie das Blauaug' eines Dichterkindes.

Dieß ist die Blume just,
Die uns in tiefster Brust
An liebe Stellen wahrt ein süß Gedenken;
Nennt mir dieß Glöckchen nur: —
Alles, was schmückt die Flur,
Wird sich im Bild in meine Seele senken.

Felsen und Strandrevier
Treten vor's Auge mir;
Da sieht man's hoch auf schroffer Klippe winken.
Wald auch und Siedlerzell'
Grüßt uns, und ach, der Quell,
An den der wunde Damhirsch kam zu trinken.

Wallend, von Buschwerk kraus,
Dehnt sich das Bergmoor aus;
Da liegen Jäger matt mit ihren Hunden.
Hirtenbub', leicht geschürzt,
Hütet sein Vieh, und kürzt
Mit Träumerei'n und Blumen sich die Stunden.

Wiesen und Weideland,
Bergschloß und Trümmerwand,
Wo Kreuzesbanner flatterten mit Ruhme;
Wälle, zermorscht und faul,
Purpurn von Löwenmaul: —
Das Alles naht, nennt man die Glockenblume,

Waldgewächs mancherlei
Kriecht um den Rasen frei:
Schafgarbe dürr mit den gezahnten Blättern;
Mausohr, bedeckt mit Thau,
Auch die Cichorie blau,
Dazu der Epheu, der sich übt im Klettern.

Glöckchen, auch du bist hier!
Bist mir die liebste Zier
Des alten Glanzes rings auf Thurm und Veste!
Weh'st, wie ein Lüftchen kaum
Zittert im Lindenbaum,
Der auf dem Hügel hebt die breiten Aeste.

Seh' ich so lieb und schön,
Glöckchen, im Wald dich stehn,
Dich und die andern all' im Sommerregen:
Dank dann erfüllt mein Herz,
Daß Blumen allerwärts
Der liebe Gott gesä't hat, uns zum Segen!

Richard Monckton Milnes.

Venetianisches Ständchen.

Wenn fern über's Wasser das Ständchen erklingt,
Und Seufzer und Grüße dem Mädchenvolk bringt:
Durch's Fenster horcht Jede dem lockenden Spiel,
Birgt träumend und lächelnd ihr Köpfchen im Pfühl.
Halb in Wort, halb in Ton hört die Nacht sie's durchwehn:
„Ja, ich komme — Stalì [1] — doch du weißt nicht, für wen!
Stalì — nicht, für wen!“

Jetzt näher und näher, — sie zittert, sie lauscht,
Wie plätschernd das Ruder die Welle durchrauscht.
Ob hart an den Stufen die Gondel jetzt schwimmt?
Noch Keiner, der schweigt, und die Zither dann stimmt?
Ach — schwächer und schwächer! ihr Licht auch erblich;
„Ich bin nah dir — Premì [2] — doch ich weil' nicht um dich!
Premì — nicht um dich!“

Dann zurück auf dein Lager, vergessenes Kind!
Laß rinnen ein Thränchen, doch trockn' es geschwind!
Wer liebt und wer jung ist, kein Härmen bleibt sein;
Heut' galt's einer Andern, doch Morgen ist dein!
Gewiß, horchst du wieder, dann jubelt es hier:
„Ja, ich komme — Sciàr[3] — und für dich und zu dir!
Sciàr — und zu dir!"

1 2 und 3 Rufe der Gondoliere: Staliro, zur Linken gehen, Premire, zur Rechten gehen, Sciaro, das Boot vermittelst einer Wendung der flachen Seite des Ruders gegen den Strom zum Stillstande bringen.

Barry Cornwall.

Tippo Saib's letzter Tag.

Ein Sultan noch des halben Orients
Erhob er sich; — die Wachen fuhren auf,
Aus seinem Fiebertraume jeder Krieger
Voll Furcht und voll Eroberung; — weithin
Durch Schloß und Schloßhof klagte die Trompete,
Und Tausende, Soldat und Sklav' und Führer,
Gehorsam ihrer Trauermelodie,
Kamen heran. — Er unterdessen schritt
Durch seine Bogen, und, den dunkeln Arm
Aus durch die Halle streckend, scharfen Blicks
Auf die bewehrte Menge blitzt' er Schweigen
Und stumme Ehrfurcht; Wort der Rache floß
Von seiner Zunge: Ruhm und Gold dem Tapfern,
Doch dem Verräther Tod und Schmach verhieß er. —
So stand er dort, ein Asiatenfürst,
Von seiner braunen Ritterschaft umhalbkreist;

Von Ansehn wie ein indisch Götzenbild,
Oder wie Satan, der die Cherubim
Antreten heißt im Pandämonium,
Und zu den Waffen ruft die ganze Hölle.
In lichten Tag ausbarst die Sonne nun;
Da sah man viel Geschäftigkeit, und Töne
Des Krieges brausten dicht heran: zuerst
Des Rosses Wiehern; dann die Trommel, rollend
In Zwischenräumen; dann des Hornes Schrei
Und rauh Befehlwort; dann, im Takt sich nähernd,
Des Kriegers stiller, fester, gleicher Schritt;
Geklirr von Schwertern; Hufgepoch; das Rad,
Das mit Gerassel das Geschütz einherträgt. —
Wie grimm den Tag zog aus der finstre König!
Wie tapfer focht er! — Einem Sklaven gleich,
Gab er sich Preis, und machte Muth den Seinen; —
Die Kugeln schlugen tief in seine Brust,
Doch er hielt aus, und das war edel, das
War königlich! — Mit seinem Leben kauft' er
Sich einen Namen heut und Feindes Achtung! —
Am Abend ward er schwach, sehr schwach; — zurück
Trug ihn sein Volk; sie weinten laut: er war
Ihr alter Feldherr; und, wie auch sein Leben,
Erobern hatt' er sie gelehrt; — sie setzten
Auf seinen Thron ihn: also war sein Wunsch!

Da saß er nun, ein dunkel Marmorbild;
Sein Auge gläsern, krampfig aufgerissen,
Wie eines Todten! — Inn're Qual verrieth
Der Lippen Zucken, doch entschlossen schien er,
Zu sterben als ein König nur! — Ein Feind
Will ihm der Stirne Diadem entreißen;
Doch er schaut um, steht auf — ein Zornerröthen
Färbt seine Wange — flieht dann! — Nackt sein Schwert! —
Er schwingt es hoch, er führt den letzten Streich; —
Dann steht er wehrlos! — Ha! — ein Blitz! und dann
Die Todeskugel! Grade durch's Gehirn
Des Stolzen fährt sie; ach, und Alles, was
Von dem gewalt'gen Herrscher übrig bleibt,
Der weit und breit des Ganges Bord erschüttert,
Und bis nach Persien hin die Wüstenei
Mit seinen Donnern aufgeschreckt: — ein Name!

Thomas Babington Macaulay.

Horatius.

Das erste der „Lieder des alten Rom.“ *

I.

Lars Porsena von Clusium,
  Bei den Göttern Neun schwor Er:
„Nicht soll das große Haus Tarquin's
  Unbill erdulden mehr!“
Bei den Neun Göttern schwor er's,
  Und setzt' einen Sammeltag an,
Und hieß Boten reiten aus sofort,
Ost und West und Süd und Nord:
  „Bietet auf meinen Heeresbann!“

* In den „Liedern des alten Rom“ hat der berühmte Verfasser eine Nachahmung jener verloren gegangenen römischen Balladenpoesie versucht, die er, in Uebereinstimmung mit Perizonius und Niebuhr, für die Grundlage aller früheren römischen Geschichte hält. Es sind ihrer vier: „Horatius,“ „die Schlacht am See Regillus,“ „Virginia“ und „die Prophezeiung des Capys.“ Von dem hier übersetzten nimmt der Dichter an, daß es ums Jahr der Stadt 360, kurz vor der Einnahme Rom's durch die Gallier, und gegen 120 Jahre nach den Begebenheiten, die es feiert, gesungen worden sey. Als Verfasser denkt er sich einen „ehrlichen Bürger,“ einen Plebejer, der, auf den kriegerischen Ruhm seiner Heimath stolz und des Gezänks der Factionen des Tages überdrüssig, „die gute alte Zeit“ nicht ohne Bitterkeit zurückwünscht. — Den Namen Porsena liest Macaulay, gegen Niebuhr's Autorität, aber gestützt auf Martial und Silius Italicus, mit kurzer Penultima.

II.

Ost und West und Süd und Nord
  Die Boten reiten schnell,
Und in Thurm und Stadt und Hütte
  Schallt die Drommete hell.
Dem Etrusker Schmach, dem Falschen,
  Der sich zu Hause hält,
Wenn Porsena von Clusium
  Nach Rom aufbricht in's Feld!

III.

Des Fußvolks und der Reiter
  Anzieh'nde Woge schwillt;
Von manchem Marktplatz braust sie her,
  Von manchem Fruchtgefild;
Von manchem stillen Dörfchen,
  Das, in Tannen- und Buchengrün,
Wie ein Adlernest sich tragen läßt
  Den rosigen Apennin;

IV.

Von der mächt'gen Volaterrae,
  Wo berühmt die Veste dräut,
Die Riesenhände bauten
  Für Könige alter Zeit;

Vom Seeport Populonia,
Wo Sardinia's schnee'ge Höh'n,
Südwärts den Himmel säumend,
Die Wachen leuchten seh'n;

V.

Vom stolzen Markte Pisae,
Dem sich beugt des Westens Meer,
Wo Massilia's Rudrer ankern,
Von blonden Sklaven schwer;
Von wo durch Blumen, Korn und Wein
Der süße Clanis wellt;
Von wo ihr Thürmediadem
Himmelan Cortona hält.

VI.

Hoch die Eichen, deren Eichel
Fällt in Auser's Waldbach braun;
Feist die Hirsche, so die Zweige
Des Ciminier Hügels kau'n;
Der Hirt vor allen Strömen
Hält den Clitumnus werth;
Kein Landsee, den der Vogler
Wie den Volsinier ehrt.

VII.

Doch jetzt ertönt kein Beilschlag
An Auser's Waldbach braun;
Auf dem Ciminier Hügel
Kein Jägersmann zu schaun;
Der Stier grast am Clitumnus,
Der milchweiße, baar der Hut;
Ungekränkt taucht das Geflügel
In die Volsinier Fluth.

VIII.

Arretium's Erndten schneiden
Alte Männer dieses Jahr;
Im Umbro waschen Knaben
Der zappelnden Lämmer Schaar;
Und in den Kufen Luna's
Schäumt des Mostes rother Strom
Um lachender Mädchen weißen Fuß —
Ihre Väter sind nach Rom.

IX.

Erles'ner Seher Dreißig,
Die weisesten im Land,
Haben allzeit bei Lars Porsena
Nachts und Morgens ihren Stand;

Die forschten in den Sprüchen
Des Morgens und zu Nacht,
Die von rechts nach links Prophetenhand
Auf die Leinwand einst gebracht.

X.

Und froh mit einer Stimme
Rufen ihm die Dreißig zu:
„Zieh' aus, zieh' aus, Lars Porsena,
Des Himmels Liebling du!
Zieh', und kehr' in Ruhm zur Schwelle
Deines königlichen Doms,
Und um Nurscia's Altäre
Häng' die goldnen Schilde Rom's!"

XI.

Und jetzt hat jede Stadt ihm
Gesandt ihrer Mannen Troß;
Die zu Fuß sind achtzigtausend,
Und zehntausend die zu Roß;
Und vor den Thoren Sutrium's
Traf sich der Heeresbann: —
Den Sammeltag, Lars Porsena,
Warst du ein stolzer Mann!

XII.

Denn die Heere der Etrusker
  Ueberschaute weit dein Aug',
Und manch verbannten Römer
  Und manch starken Bundsmann auch;
Und mit stattlichem Gefolge
  Schloß sich an den Reih'n der Schlacht
Der Tuskuler Mamilius,
  Fürst der Latiner Macht.

XIII.

Doch Getümmel war und Schrecken
  Am gelben Tiberstrom;
Rings aus der weiten Ebne
  Floh Alles bang nach Rom.
Um die Stadt auf eine Meile
  Sperrt die Wege Volkesdrang;
Entsetzlich war es anzuschaun
  Zwei Nächt' und Tage lang.

XIV.

Denn Greisenvolk auf Krücken,
  Dazu hochschwangre Frau'n,
Und Mütter, die mit Schluchzen
  Auf die lächelnden Kindlein schau'n,

Und Kranke hoch in Sänften
  Die Sklavenschulter trug,
Und mit Sicheln und mit Stäben
  Gebräunter Schnitter Zug;

XV.

Und Esel und Maulthierheerden,
  Mit Schläuchen voll von Wein,
Und endlos Ziegen und Schafe
  Und Küh' in langen Reih'n,
Und krachend mancher Wagen,
  Der die Schwebe fast verlor
Unter Säcken Korns und Hausgeräth,
  Sperrten jedes donnernde Thor.

XVI.

Nun, von Tarpeja's Felsen,
  Roth am nächt'gen Horizont
Hat flackernder Dörfer Zeile
  Der Bürger schau'n gekonnt.
Der bedrängten Roma Väter,
  Sie saßen Nacht und Tag,
Denn allstündlich ritten Boten vor,
  Zu verkünden neue Schmach.

XVII.

Im Osten und im Westen
Schweift der Tusker um die Höhn;
Nicht Haus, nicht Zaun, nicht Taubenschlag
Blieb in Crustumerium stehn.
Verbenna bis nach Ostia
Hat die Ebne wüst gemacht;
Astur erstieg Janiculum
Und erschlug die starke Wacht.

XVIII.

Ich weiß, rings im Senate
War nicht so kühn ein Herz,
Das bei so böser Zeitung nicht
Sich hob in bangem Schmerz.
Sofort stand auf der Consul,
Aufstanden die Väter all';
In Hast die Togen schürzten sie
Und eilten hin zum Wall.

XIX.

Sie hielten Rath am Flußthor —
Sie hielten ihn stehend heut;
Da war, wie leicht ihr denken mögt,
Zum Reden wenig Zeit.

Rundaus befahl der Consul:
„Ab die Brücke! Joch um Joch!
Denn seit Janiculum erlag,
Rettet das die Stadt nur noch!"

XX.

Grade da kam flieh'nd ein Späher;
Wie von Sinnen stand er da:
„Auf! Zu den Waffen, Consul!
Anrückt Lars Porsena!"
Auf die niedern Hügel westwärts
Warf der Consul rasch sein Aug';
Da flog entlang den Himmel schwarz
Das Wetter: Staub und Rauch.

XXI.

Und näher schnell und näher
Fegt heran der rothe Dampf;
Und draus hervor, soweit man schaut,
Soweit die finst're Wolke braut,
Schallt die Kriegsdrommete stolz und laut,
Schallt Summen und Gestampf.
Und deutlich jetzt, ganz deutlich
Blitzt es aus dem Dunkel her;

Links und rechts gebrochner Strahl
Tiefblauen Lichts: — das sind von Stahl
Die blanken Helme sonder Zahl,
  Und schimmernd Speer an Speer.

XXII.

Und deutlich jetzt, ganz deutlich,
  Ueber jenen leuchtenden Reih'n,
Saht ihr von zwölf schönen Städten
  Die Banner, licht von Schein;
Doch des stolzen Clusium Banner
  Ward zu oberst hoch entdeckt:
Das Banner, das den Umbrer
  Und das den Gallier schreckt.

XXIII.

Und deutlich jetzt, ganz deutlich
  Erkannten die Bürger, so
An Kleid und Geberd', wie an Helm und Pferd,
  Jeden reisigen Lucumo.
Da ward Cilnius von Arretium
  Auf raschem Fuchs gesehn;
Vierfachen Schildes Astur dann,

Mit dem Schwert, das Er nur schwingen kann;
Tolumnius mit dem Goldgurt hell,
Und Verbenna finster vom Castell
Am schilf'gen Thrasymen.

XXIV.

Dicht neben dem Königsbanner,
Wo den ganzen Krieg er sah,
Auf elfenbeinernem Wagen
Saß von Clusium Porsena.
Rechts am Rade ritt Mamilius,
Fürst der Latiner Macht;
Links ritt der falsche Sextus,
Der die That der Schmach vollbracht.

XXV.

Aber als des Sextus Antlitz
Bei'm Feind die Römer sahn,
Da erhoben hat die ganze Stadt
Einen Heulruf himmelan.
Kein Weib rings auf den Dächern,
Die nicht wider ihn zischt' und spie;
Kein Kind, das nicht die kleine Faust
Ihm wies und Flüche schrie.

XXVI.

Doch des Consuls Brau war trüb,
Und des Consuls Wort nicht laut,
Und finster hat er auf den Wall,
Finster auf den Feind geschaut.
„Ihre Vorhut wird heran seyn,
Eh' ihr abtrugt nur Ein Joch;
Und haben sie die Brück' einmal,
Welche Hoffnung bleibt uns noch?"

XXVII.

Ausrief da stracks Horatius,
Der am Thor der Wacht gebot:
„Jedwedem Mann auf Erden kommt
Früh oder spät der Tod.
Und wie stirbt ein Mann denn besser,
Als im Kampf mit der Gefahr,
Für die Asche seiner Väter,
Für der Himmlischen Altar?

XXVIII.

„Und für die zärtliche Mutter,
Die ihn einst in Schlaf gewiegt,
Und für das Weib, dem an der Brust
Sein saugend Kindlein liegt,

Und für die Jungfrau'n, hütend
  Vesta's Feuer Tag und Nacht,
Zu beschützen sie vor Sextus,
  Der die That der Schmach vollbracht?

XXIX.

„Hau' die Brücke nieder, Consul!
  Hau' sie nieder, doch hab' Eil'!
Ich, und zwei noch, mir zu helfen,
  Halten auf den Feind derweil.
So eng der Pfad: — ihrer Tausend
  Zu Dreien hemmen wir!
Nun, wer nimmt seinen Stand mir zu jeder Hand,
  Und hält die Brück' mit mir?"

XXX.

Ausrief da Spurius Lartius,
  Ein Ramnier stolz: „Sieh', hier
Dir zur rechten Hand nehm' ich meinen Stand,
  Und halte die Brück' mit dir!"
Und ausrief da Herminius,
  Von Titier-Blut: „Sieh', hier
Dir zur linken Seit' will ich steh'n im Streit,
  Und halten die Brück' mit dir!"

XXXI.

„Horatius," sprach der Consul,
„Was du angibst: wohl, es sey!"
Und wider jenes große Heer
Zogen stracks die kühnen Drei.
Denn der Römer in Rom's Kämpfen
Hat nicht Land noch Gold gescheut,
Nicht Sohn und Weib, noch Leben und Leib,
In der tapfern alten Zeit.

XXXII.

Da waren alle für den Staat,
Und nicht blos für Partei'n;
Da half, wer groß, dem Kleinen,
Und zum Großen hielt, wer klein;
Da ward das Land gerecht vertheilt,
Und gerecht verkauft die Beut':
Die Römer waren wie Brüder
In der tapfern alten Zeit.

XXXIII.

Jetzt haßt der Römer den Römer —
Keinen Landsfeind haßt er mehr!
Der Tribun zaust den Patricier,
Und das arme Volk tritt der!

Im Parteikampf heiß und heißer,
  Sind wir lau zum Schlagen heut':
Drum ficht man nimmer, wie man focht
  In der tapfern alten Zeit.

XXXIV.

Nun, als sich jeder von den Drei'n
  Den Harnisch fester band,
Vor allen da der Consul
  Nahm die Axt in seine Hand.
Und Väter mit Gemeinen
  Schwangen Hacke, Stange, Beil:
Da blieb oben keine Planke,
  Kein Pfeiler unten heil.

XXXV.

Derweil das Heer der Tusker,
  In Herrlichkeit entrollt,
Kam, wiederspiegelnd den Mittag,
Reih' hinter Reih', wie Wellenschlag
  Einer breiten See von Gold.
Vierhundert Kriegsdrommeten
  Erhuben Kriegsgeschrei,

Als die große Feldschaar, Fahnen hoch
Und Speere vor, heran nun zog,
Als sie schwer zum Kopf der Brücke bog,
Zum Stand der kühnen Drei.

XXXVI.

Die Dreie standen schweigend;
Kalt sahn den Feind sie nahn,
Und ein herzhaft laut Gelächter
Stimmte rings die Vorhut an.
Und drei Führer kamen spornend —
Weit blieb der Troß zurück;
Sie saßen ab, Jedweder zog
Sein Schwert, und hob den Schild, und flog,
Zu gewinnen Paß und Brück'.

XXXVII.

Aunus dort von Tifernum,
Das grün in Reben liegt;
Und Sejus, dessen Sklavenschaar
In Ilva's Minen siecht;
Und Picus, lange Clusium's
Dienstmann in Fried' und Streit,
Der sein Umbrervolk zum Kampf gebracht
Von der Klippe, drauf, als graue Wacht,

Nequinum's Veste, thurmbedacht,
  Nar's bleiche Fluth bedräut.

XXXVIII.

Held Lartius nahm den Aunus,
  Und warf ihn in den Fluß;
Nach Sejus hieb und spellt' ihn
  Bis auf's Kinn Herminius;
Horatius führt' auf Picus
  Einen einz'gen heißen Streich,
Und des stolzen Umbrers Goldwehr schoß
  In den blut'gen Staub sogleich.

XXXIX.

Sprang Ocnus von Falerii
  Auf die Dreie nun daher;
Und Lausulus von Urgo,
  Der Räuber auf dem Meer;
Und Aruns von Volsinium,
  Der den Eber überwand,
Den gewalt'gen, der in Cosa's Bruch
Im Rohre lag mit borst'gem Bug,
Der die Flur zerschnob, der das Volk erschlug,
  Entlang Albinia's Strand.

XL.

Von Herminius Schlägen Aruns,
Von des Lartius' Ocnus sank,
Und grad' in's Herz des Lausulus
Fuhr Horatius' Eisen blank.
„Lieg' da, ruchloser Räuber!"
Rief er; „nicht sollen Frau'n
Und Kinder mehr von Ostia's Höh'n
Bleich und entsetzt dein Schiff erspäh'n;
Nicht Campania's Bauern mehr zu Thal
Und Wald fliehn, wenn sie dein dreimal
Verfluchtes Segel schau'n!"

XLI.

Doch jetzt ward kein Gelächter
Gehört mehr auf dem Plan;
Ein wild und zornvoll Schreien
Stimmte rings die Vorhut an;
Und nur sechs Speereslängen
War die Feldschaar noch zurück,
Und für eine Zeit trat Keiner vor,
Zu gewinnen Paß und Brück'.

XLII.

Doch, horch! der Ruf ist: „Astur!"
Aufthut sich Reih' um Reih';

Und der große Fürst von Luna
  Kommt geschritten stolz und frei.
Vierfach auf breiten Schultern
  Klirrt sein Schild dem hohen Mann,
Und die Luft durchfährt sein gewaltig Schwert,
  Das Er nur schwingen kann.

XLIII.

Er lächelt auf die Römer
  Ein Lächeln hoch und klar;
Doch Verachtung blickt sein Auge
  Auf der Tusker feige Schaar.
Spricht er: „Die Brut der Wölfin
  Weist grimm und wild den Zahn;
Doch wagt ihr es zu folgen,
  Wenn Astur bricht die Bahn?“

XLIV.

Dann, hoch in beiden Händen
  Schwingend sein Schwert der Schlacht,
Vorstürzt er auf Horatius
  Und haut aus aller Macht.
Mit Degen und Schild Horatius
  Wendet ab des Hiebes Wuth;

Dennoch zu nahe fuhr er drein:
Er verfehlt den Helm, doch zerklafft das Bein;
Die Tusker jauchzen auf und schrein
  Als sie strömen sehn das Blut.

XLV.

Er wankt, und an Herminius
  Für ein Athmen lehnt er dicht;
Wie die wilde Katz' dann, wundentoll,
  Springt er nach des Feinds Gesicht.
Zurch Zähne, Helm und Schädel
  So feurig zischt sein Schlag:
Eine Handbreit hinter Astur's Haupt
  Steht das gute Schwert zu Tag.

XLVI.

Und der große Fürst von Luna
  Fiel auf den Todesstreich,
Wie auf dem Berg Alvernus
  Vom Blitze fällt die Eich'.
Ueber'n Forst die Riesenarme
  Streckt sie aus, verkohlt, entlaubt;
Und die bleichen Augurn, murmelnd leis,
  Starren an das versehrte Haupt.

XLVII.

Auf Astur's Hals die Ferse
  Stemmte fest Horatius; — lang,
Dreimal und viermal, mußt' er ziehn,
  Eh' den Stahl heraus er rang.
„Seht," rief er, „den Willkommen,
  Der euch grüßt im Tiberthal!
Welch edlen Lucumo zunächst
  Lüstet unser römisch Mahl?

XLVIII.

Doch auf d i e stolze Ford'rung
  Lief ein Murmeln, trüb und bang,
Gemischt aus Zorn und Scham und Furcht,
  Die blanke Schaar entlang.
Nicht an Männern von Geschlechte,
  Noch von Muthe fehlt' es dort;
Denn die Edelsten Etruria's
Standen um den Schreckensort.

XLIX.

Doch den Edelsten Etruria's
  Sank das Herz; ansahn sie scheu
Im Staub die blut'gen Leichen,
  Im Pfad die tapfern Drei;

Und zurück vom grausen Eingang,
Wo die tapfern Drei gesiegt,
Fuhren Alle, gleich dem Knabenheer,
Das, nach Hasen späh'nd im Wald umher,
In die Höhle schaut von ohngefähr,
Wo mit Murr'n ein wilder alter Bär
Zwischen Blut und Knochen liegt.

L.

Wollte Keiner mehr vorangehn
Beim Angriff auf die Brück';
Die hinten riefen: „Vorwärts!"
Und die vorne schrien: „Zurück!"
Und rückwärts nun und vorwärts
Schwanken die tiefen Reih'n;
Und auf dem wogenden Eisenmeer
Taumeln die Fahnen hin und her;
Stoßweise hinstirbt, matt und schwer,
Der Drommeten sieghaft Schrei'n.

LI.

Doch Ein Mann Einen Augenblick
Schritt voraus mit hast'gem Fuß;
Wohl kannten ihn die Dreie,
Und sie gaben ihm lauten Gruß.

„Nun willkomm, willkommen, Sextus,
An deiner Heimath Strom!
Was harrst du dort, und wendest dich fort?
Hier liegt der Weg nach Rom!“

LII.

Dreimal die Stadt, und dreimal
Die Todten sah er an;
Kam heran dreimal voll Ingrimm,
Und floh fürchtend dreimal dann;
Und auf den Engpfad glupt' er,
Von Furcht entfärbt und Haß,
Wo die kühnsten Tusker lagen
Im Blutpfuhl starr und blaß.

LIII.

Doch Hebel und Axt indessen
Haben wahrlich nicht geruht;
Und wankend hängt die Brücke jetzt
Ueber der kochenden Fluth.
„Komm zurück, komm zurück, Horatius!“
Der Ruf der Väter gellt;
„Kommt, Lartius und Herminius!
Zurück, eh' die Trümmer fällt!“

LIV.

Zurück schoß Spurius Lartius,
Herminius schoß zurück;
Und, hinflieh'nd, untern Füßen
Fühlten krachen sie die Brück'.
Doch als das Haupt sie wandten,
Und Horatius nun allein
Jenseits am Feindesufer sahn,
Wollten gern gekehrt sie seyn.

LV.

Doch mit donnergleichem Tosen
Fielen jetzo, Stamm auf Stamm,
Die Balken, und das mächt'ge Wrack
Lag im Flusse wie ein Damm;
Und ein lang Triumphgejauchze
Stieg empor von den Wällen Roms,
Als zu der höchsten Thürme Dach
Aufflog der Gischt des Stroms.

LVI.

Und wie ein Roß, das Knebel
Und Zaum zum erstenmal
Im Maul fühlt, rang der wüth'ge Fluß,
Und warf seine Mähne fahl,

Und brach sein Gebiß, und sprengte,
  Seiner Freiheit froh, daher,
Und, niederwirbelnd grimm und stolz
Bohle, Zinne, Pfeilerholz,
  Jagt' er häuptlings hin zum Meer.

LVII.

Einsam nun stand Horatius,
  Doch festen Sinns allzeit:
Hier neunzigtausend Feinde,
  Und dort die Stromfluth breit.
„Haut ihn nieder!" herrschte Sextus,
  Stets bereit zu falschem Thun;
„Nun ergib dich!" rief Lars Porsena,
  „Unsrer Gnad' ergib dich nun!"

LVIII.

Umschwenkt' er, wie nicht würd'gend
  Zu schau'n das feige Heer;
Nichts sprach er zu Lars Porsena,
  Zu Sextus Nichts sprach er;
Doch er schaut' auf Palatinus
  Seines Hauses weiß Portal,
Und er sprach zu dem edlen Flusse,
  Der bei Rom hinschießt durch's Thal:

LIX.

„O Tiber! Vater Tiber!
Dem Rom Gebete weiht,
Eines Römers Leib, eines Römers Wehr
Nimm du in Obhut heut'!"
So sprechend, in die Scheide
Stieß er sein Breitschwert gut,
Und den Harnisch auf dem Rücken
Sprang er häuptlings in die Fluth.

LX.

Kein Laut der Lust, des Kummers
Ward gehört den Strom entlang;
So Freund wie Feind, von Schreck gebannt,
Halbauf den Mund, das Aug' gespannt,
Standen nachschau'nd, wo er sank.
Doch als sein Helmbusch langsam
Aufstieg aus dem Gewog,
Da erhub ganz Rom ein jubelnd Schrei'n,
Und selbst des Tuskerheeres Reih'n
Hielten kaum zurück ein Hoch.

LXI.

Doch grimm, von Monden Regens
Geschwollen, rann die Fluth;

Und seine Wunden schmerzten,
  Und schnell verrann sein Blut;
Und er war erschöpft vom Schlagen,
  Und vom Panzer war er schwer;
Und oft wähnten sie ihn sinkend,
  Doch stets wieder auf stieg er.

LXII.

Nie, mein' ich, theilt' ein Schwimmer,
  In also bösem Fall
Durchringend sich zum Landungsort,
  Gleich zorn'ger Wogen Schwall:
Doch die Brust aufhielt ihm tapfer
  Das tapfre Herze drin,
Und der gute Vater Tiber
  Hielt tapfer auf sein Kinn.

LXIII.

„Fluch über ihn!“ rief Sextus;
  „Will der Schuft nicht untergehn?
Stand nicht Er am Fluß — vor Tagesschluß
  War es um die Stadt geschehn!“
„Helf' der Himmel ihm!“ sprach Porsena,
  „Und trag' ihn heil empor!
So unerschrockne Waffenthat,
  Ward nie gesehn zuvor!“

LXIV.

Und jetzt fühlt er den Boden;
Jetzt steht er auf dem Sand;
Jetzt drängen sich die Väter
Nach seiner blut'gen Hand;
Und jetzt, umweint, umjubelt,
Mit Klatschen und mit Schrei'n,
Vom frohen Schwarm getragen fast,
Zum Flußthor zieht er ein.

LXV.

Sie gaben ihm des Kornlands,
Das Gemeingut Allen war,
So viel als pflügen mag von früh
Bis Nachts ein Ochsenpaar;
Und sie goßen von Erz ein Bildniß,
Und stellten es auf sofort,
Und da steht es bis auf diesen Tag,
Zu zeugen meinem Wort.

XLVI.

Es steht in dem Comitium,
Wo alles Volk es sieht:
Horatius im Harnisch,
Wie auf Einem Knie er kniet;

Und drunter meldet Goldschrift,
  In Lettern schön gereiht,
Wie tapfer er die Brücke hielt
  In der tapfern alten Zeit.

LXVII.

Und annoch dröhnt sein Name
  Rom's Männern, wie, voll Grau'n,
Der Drommete Sturm, die ihnen ruft,
  Den Volsker heimzuhau'n;
Noch fleh'n zur Juno Weiber
  Um Knaben, kühn im Streit,
Wie Er, der kühn die Brücke hielt
  In der tapfern alten Zeit.

LXVIII.

Und in den Winternächten,
  Wenn der Nord weht scharf und kalt,
Und wenn der Wölfe lang Geheul
  Im Schnee der Waldung schallt;
Wenn um des Landmanns einsam Dach
  Der Orkan mit Brüllen fährt,
Und Algidus' gute Klötze
  Mitbrüllen auf dem Heerd;

LXIX.

Wenn das älteste Faß sich aufthut,
 Und die größte Lampe scheint,
In der Asche die Kastanien glühn,
 Und am Spieß das Lamm sich bräunt;
Wenn Jung und Alt im Kreise
 Um des Feuers Brände sitzt;
Wenn das Mädchen Körbe flechtet,
 Und der Bursche Bogen schnitzt;

LXX.

Wenn der Vater putzt die Rüstung,
 Und den Helmbusch grade biegt;
Wenn der Mutter Schiffchen lustig
 Durch den Webstuhl tanzt und fliegt:
Mit Weinen dann und Lachen
 Erzählt man sich noch heut',
Wie gut Horaz die Brücke hielt
 In der tapfern alten Zeit.

Die Schlacht bei Naseby.*

O, was zieht ihr stolz heran vom Norden auf den Plan,
Mit der Hand und dem Fuß und dem Kleide roth genäßt?
Und was schickt ihr hellen Braus und Jubel weit hinaus?
Und von wannen die Trauben der Kelter, die ihr preßt?

O, bös der Wurzel Zucht, und bitter war die Frucht,
Und roth der Saft der Lese, zerstampft auf unserm Zug:
Denn wir traten auf den Schwarm der Mächtigen, deren Arm,
Thronend auf hohem Sitze, die Heiligen Gottes schlug!

Um den Mittagsglockenschlag, einen prächt'gen Junitag,
Sah'n den Tanz wir ihrer Banner und ihrer Panzer Schein;
Sah'n den Blutmann vor der Schaar mit dem langen falb'=
gen Haar,
Und Astley und Sir Marmaduke und Rupert von dem Rhein.

* Das erste einer (unvollendet gebliebenen) Reihe von „Liedern des Bürgerkriegs." Der Dichter legt es einem Sergeanten in Ireton's Regiment, „Obadiah Bindet-eure-Könige-in-Ketten-und-eure-Edeln-in-Banden-von-Eisen," in den Mund.

Wie ein Knecht des Herrn bewehrt, mit Bibel und mit Schwert,
Entlang uns ritt der Feldherr, und stellt' uns auf zur Schlacht,
Als ein Murmeln plötzlich scholl, und zum Gejauchze schwoll,
Wohl unter des Tyrannen gottloser Heeresmacht.

Und horch! wie voll Wuth am Strande brüllt die Fluth,
Erhebt der Ruf der Schlacht sich entlang die nah'nden Reih'n:
Für Gott! für die Sach'! für die Kirche! mir nach! —
Für Karl, König von England, und Rupert von dem Rhein!

Der wüth'ge Deutsche vorn, er kommt mit Pauk' und Horn,
Seinen Meuchlern aus dem Elsaß, seinen Pagen von Whitehall.
Sie brechen auf uns ein! packt die Piken! schließt die Reih'n!
Denn nie kommt Rupert anders: Sieg will er oder Fall!

Er prallt an! er wirft! er drängt! Es ist aus! wir sind gesprengt!
Da — unsere Linke jagt er, wie Sturm die Stoppel jagt.
O Herr, zeig' deine Macht! o Herr, dem Recht die Schlacht!
Stellt Rücken auch an Rücken! In Gottes Namen, schlagt!

Skippon, verwundet, schwankt — mit ihm die Mitte wankt —
Horch, horch! in unserm Rücken welch Stampfen und Gewieh'r!
Weß Banner weht daher, Kerls? Gott Dank, Er ist es, Er! Kerls!
Recht so, noch eine Schwenkung! Held Oliver ist hier!

Die Häupter all gebückt, die Schwerter all gezückt,
Wie Wirbelwind die Waldung, wie Fluth den Deich zerprallt,
So wirft unser Volk sich schwer auf des Verfluchten Heer,
Auf Einen Ansturz lichtend der Königspiken Wald!

Schnell flieh'n die Höfler, schnell, den Kopf an sichrer Stell'
Zu bergen: — faulend wird er auf Temple Bar noch stehn!
Und Er — Er flüchtet auch! O, Schmach dem blut'gen Aug':
Foltern zu seh'n ertrug es, und bangt den Krieg zu seh'n!

Auf nun, fegt das Revier! doch eh' die Todten ihr
Auszieht, noch Einen Streich führt! Thut Jeden sicher ab!
Dann aus Tasch' und Aermel weit schüttelt Münzen und Geschmeid —
Andenken, so die Wollust, Raub, den die Anmuth gab!

Euer Wamms von Golde schien, euer Herz war froh und kühn,
Ihr Thoren, als ihr Küsse zuwarft den Dirnen heut'!
Und morgen schon zum Schmaus aus ihrem Felsenhaus
Führt die Füchsin ihre Jungen, zu heulen ob der Beut'!

Wo der Mund nun, freche Schaar, der noch jüngst voll Lästerns war?
Wo die Hand nun, die sich fingernd am Degengriff gefiel?

Wo das Kleid von duft'gem Tuch? wo Gesang und wüster Fluch?
Wo Komödien und Sonette? wo Schmuck und Kartenspiel?

Nun für immer in den Staub! Kron' und Infel in den Staub!
Auf des Hofes Belial, England, auf des Papstes Mammon tritt!
Oxford gehüllt in Flor! Wehlaut in Durham's Chor!
Seinen Rock zerreißt der Bischof, aufstöhnt der Jesuit.

Und auf Sieben Hügeln Die wird schrei'n, wie Rahel schrie,
Und, des Schwerts von England denkend, wird sie zittern fort und fort;
Und die Könige rings der Welt werden schaudern, wenn es gellt,
Was die Hand des Herrn gethan für die Häuser und das Wort.

Alfred Tennyson.

Mariana.

„Mariana in der einsamen Meierei."
Maaß für Maaß.

Mit Moose dick umkrustet stand
Im Garten jeder Blumenstock;
Der Schlinge, die den Pfirsich band,
Entfallen war ihr morscher Pflock.
Der Wind durchstrich die Scheuer frei,
Die Klink' am Thore knarrt' und schlug,
Und wehend Gras am Giebel trug
Das Dach der öden Meierei.
Sie sagte nur: „Mich flieht der Friede;
Mein Theil hier ist die Noth!
Er kommt nicht! ich bin müde, müde;
Ich wollt', ich wäre todt!"

* Aus einer früheren Vorrede möge nur Folgendes hier wiederholt werden:

„Sonst wüßt' ich kaum noch Etwas hinzuzufügen, es wäre denn, um einem möglichen Verdachte übersetzerischer Willkür zu begegnen, die Bemerkung, daß ich die älteren Tennyson'schen Sachen nach den ersten Auflagen der Originale (London, 1830 und 1832) bearbeitet habe: ein Umstand, den ich vergleichende Besitzer späterer Editionen, in welchen der Dichter Manches bis zur Unkenntlichkeit verändert hat (ich erinnere u. A. an Mariana im Süden), nicht außer Acht zu lassen bitte. Aus ähnlichem Grunde glaube ich nicht unerwähnt lassen zu dürfen, daß die Stanze des Hemans'schen Waldheiligthums, bei sonst verwandtem Bau, sich auch im englischen Texte durch einen vierfachen Reim von der Spenserstanze unterscheidet."

Sie weinte mit des Abends Thauen,
Sie weinte, wenn das Frühlicht schien;
Sie konnte nicht zum Himmel schauen
Bei Abendroth und Morgenglüh'n.
Nur nach der Fledermäuse Schwirren,
Wenn kalt und feucht der Nachtwind blies,
Zog sie den Vorhang auf, und ließ
Ihr Auge durch das Dunkel irren.
Sie sagte nur: „Mich flieht der Friede;
Mein Theil hier ist die Noth!
Er kommt nicht! Ich bin müde, müde,
Ich wollt', ich wäre todt!"

Manchmal der Eule Flügelschlag
Vernahm sie — dann war Alles still.
Der alte Haushahn schrie vor Tag,
Vom Kamp her scholl der Kuh Gebrüll.
Es war ein dumpfes Einerlei;
Sie lag halbwach und halb im Schlaf,
Bis sie der Strahl des Morgens traf,
Aufdämmernd um die Meierei.
Sie sagte nur: „Mich flieht der Friede,
Mein Theil hier ist die Noth!
Er kommt nicht! Ich bin müde, müde;
Ich wollt', ich wäre todt!"

Einen Steinwurf in das Feld hinein
Mit schwarzen Wassern schlief ein Teich;
Den überkrochen, rund und klein,
Sumpfmoose grün und zäher Laich.
Eine Pappel bebt' an seinem Saum,
Mit weißen Blättern, wie beschneit;
Im öden Lande meilenweit
Mit knorrigem Bast der einz'ge Baum.
Sie sagte nur: „Mich flieht der Friede!
Mein Theil hier ist die Noth!
Er kommt nicht! Ich bin müde, müde;
Ich wollt', ich wäre todt!"

Und fuhr der Nachtwind durch's Gefild,
Hing tief der Mond im Wolkenmeer,
Dann flog des Baumes Schattenbild
Im weißen Vorhang hin und her.
Und stand der Mond noch tiefer — tief
Am Horizont — dann lagen Zweig
Und Blatt auf ihrer Stirne bleich,
Und auf dem Bett, in dem sie schlief.
Sie sagte nur: „Mich flieht der Friede;
Mein Theil hier ist die Noth!
Er kommt nicht! Ich bin müde, müde!
Ich wollt', ich wäre todt!"

Thürknarren ohne Unterlaß
Durchzog das träumerische Haus;
Die Fliege summt am Fensterglas,
Im Täfelwerke pfiff die Maus.
Vor ihrem innern Auge glitt
Manch alt Gesicht die Wand entlang;
Manch' alte Stimme rief im Gang,
Und leis erscholl manch alter Tritt.
Sie sagte nur: „Mich flieht der Friede;
Mein Theil hier ist die Noth!
Er kommt nicht! Ich bin müde, müde;
Ich wollt', ich wäre todt!"

Der ew'ge Pendelschlag der Uhr,
Der Sperling, der am Dache schrie,
Der Wind, der durch die Pappel fuhr,
Ach, alles das verwirrte sie!
Doch was ihr Herz am meisten haßte,
Das war die Zeit, wenn durch den Saal
Dickstaubig lief der Sonne Strahl,
Zur Stunde, wo der Tag erblaßte.
Dann weinte sie: „Mich flieht der Friede;
Mein Theil hier ist die Noth!
Er kommt nicht! ich bin müde, müde;
O Gott, wär' ich nur todt!"

Mariana im Süden.

Steil hinter'm dürren Hügel ging
Die kant'ge Felswand in die Höh';
Ihr wucht'ger Schatten überhing
Mit scharfen Rändern Strand und See.
Fern, fern sah man Gebirg sich ziehn,
Lichtblau, gleichwie ein Feenland;
Im Osten brannt' ein Streifen Sand,
Vom Meer umdunkelt, ohne Grün. —
Mit dunklem Gitterfenster schaute
Ein Haus durch's Moor. Kein Lüftchen hob
Den kranken Wein, der es umwob,
Und reglos stand die staub'ge Raute.
„Madonna!" sang sie auf dem Stein
Morgen und Nacht der Wildniß Ohren,
„Madonna, sieh', ich bin ganz allein,
Liebevergessen und liebeverloren!"

Und als ihr Singen trüber ward,
Da zog sie, wunderbar zu schau'n,
Herab durch Finger, bleich und zart,
Ihr strömend Haar vom tiefsten Braun.
Hinflossen die gelösten Strähne;
Draus glühte, wie aus dunklem Schrein,
Ihr göttlich Aug' mit ernstem Schein,
Des Schmerzes Heimath ohne Thräne.
„Madonna!" sang sie auf dem Stein
Morgen und Nacht der Wildniß Ohren,
„Madonna, sieh', ich bin ganz allein,
Liebevergessen und liebeverloren!"

Mit rothem Scheine kam die Früh',
Tiefgelb erglomm der Wellen Grau,
Da warf sie sich auf ihre Knie,
Und betete zu unsrer Frau.
Die Lippen regte sie mit Beben;
Vom Nachtgewande los umwallt,
Sah man die wellige Gestalt
Gespiegelt aus der Fluth sich heben.
„Madonna!" zu des Frühlichts Schein
Sang leise sie der Wildniß Ohren,
„Ich klage still, ich bin ganz allein,
Liebevergessen und liebeverloren!"

Um Mittag schlief sie. Rings im Kreis
Erscholl der Blätter laut Gespräch,
Als durch den zugespitzten Mais
Im Traum sie hinschritt ihren Weg.
Die Eidechs lief auf sonnigen Matten,
Der freche Nestling krisch im Korn,
Und randvoll rieselte der Born
Im laubigen Platanenschatten.
Und schlummernd noch, das Haupt am Stein,
Sang sie gedämpft der Wildniß Ohren:
„Madonna, sieh', ich bin ganz allein,
Liebevergessen und liebeverloren!"

Sie träumt', und wußte, daß es Traum;
Ihn sah sie, doch er war es nicht.
Sie wachte auf, der Quelle Schaum
Verstob; der Sonne blendend Licht
Lag trostlos auf den Felsenkränzen;
Das Flußbett war von Staube weiß,
Und die Olive, dürr und heiß,
Senkt' ihre Blätter ohne Glänzen.
Da, wie ein bang ersticktes Schrei'n,
Tönt' es auf's Neu' der Wildniß Ohren:
„Madonna, laß mich nicht ganz allein,
Vergessen zu sterben, zu leben verloren!"

Das Nachtlied einer Grille zog
Durch ihr Gemach mit schrillem Ton;
Sie warf das Gitter auf, und bog
Hinaus sich über den Balkon.
Die Welle rollte küstenwärts;
Im fernen Osten überschien
Der Abendstern mit breitem Glüh'n
Den ernsten Golf — und in ihr Herz
Ergoß sich Trost! Am Meeresrande,
Vulkangleich, stieg der Mond empor;
Nicht schweift' ihr Auge mehr durchs Moor,
Still hing es an dem prächt'gen Brande.
Nicht ganz allein sah sie den Schein,
Doch sang sie noch der Wildniß Ohren:
„Madonna, sieh, ich bin ganz allein,
Liebevergessen und liebeverloren!"

Ein Grablied.

Schlaf'! dein Acker ist bestellt!
Falte deine Hände du
Auf dem Herzen! schlumm're zu!
Laß sie toben!
Weißer Birke Schatten fällt
Auf dein Grab, mit Grün umwoben.
Laß sie toben!

Sorg' und Leumund kränkt dich nicht;
Nur des kalten Wurmes Zahn
Tastet dich im Bahrtuch an.
Laßt sie toben!
Schatten rieselt stets und Licht
Auf dein Grab, mit Grün umwoben.
Laß sie toben!

Nimmer wirfst du dich herum;
Singt die Biene nicht zur Stund'
Süßer, als Verleumdermund?
Laß sie toben!

Nimmer schau'st du trüb und stumm
Aus dem Grün, das dich umwoben —
Laß sie toben!

Heuchler thun um dich gerührt;
Süß'rer Thau vom Geisblatt rinnt,
Als Verrätherthränen sind,
Laß sie toben!
Frühlingsregen musizirt
In dem Grün, das dich umwoben —
Laß sie toben!

Wirr sich rankend, blühn um dich
Brombeerrosen, zart und bleich;
Weiß- und Schlehdorn auch zugleich —
Laß sie toben!
Alle flechten duftend sich
In das Grün, das dich umwoben —
Laß sie toben!

Hahnenfuß auf leichtem Stiel,
Glockenblum' und Primel späht
Ueber das gestickte Beet —
Laß sie toben!
Kön'ge haben keinen Pfühl,
Wie das Grün, das dich umwoben —
Laß sie toben!

Worte wandern dort und hier;
Sprache, die durch Gott uns quillt —
Ach, ihr Mißbrauch trübt dein Bild!
Doch laß sie toben!
Grill' und Heimchen zirpen dir
In dem Grün, das dich umwoben —
Laß sie toben!

Die Schwestern.

Wir waren zwei Töchter aus Einem Haus;
Sie war die Schönste, sie stach mich aus.
Wie weht der Wind über Thurm und Höh'n!
Sie fiel, er war ein stattlicher Mann;
Ich meine, die Rache stand wohl mir an!
O, der Earl war schön zu seh'n!

Sie starb, sie ging in die ewige Gluth;
Sie mischte mit Schmach ihr altes Blut.
Wie heult der Wind über Thurm und Höh'n!
Ganze Wochen und Monde, Tag und Nacht
Seine Lieb' zu gewinnen war ich bedacht:
O, der Earl war schön zu seh'n!

Ich gab ein Fest, er war bei'm Schmaus;
Ich gewann seine Lieb', ich bracht' ihn nach Haus.
Wie brüllt der Wind über Thurm und Höh'n!

Und nach dem Essen, die Kleider los,
Da legt' er sein Haupt in meinen Schooß:
O, der Earl war schön zu seh'n!

Seine schwarzen Wimpern küßt' ich zur Ruh';
Auf meiner Brust, da schloß er sie zu.
Wie wüthet der Wind über Thurm und Höh'n!
Ich haßte ihn mit der Hölle Haß,
Aber seine Schönheit gefiel mir baß:
O, der Earl war schön zu seh'n!

Aufstand ich in der stillen Nacht;
Blank hab' ich und scharf meinen Dolch gemacht.
Wie ras't der Wind über Thurm und Höh'n!
Halb im Schlafe lag er — kein Laut in der Burg!
Da stieß ich ihn dreimal durch und durch:
O, der Earl war schön zu seh'n!

Ich kämmt' und lockte sein schönes Haar;
Er sah so groß, als er todt nun war.
Wie weht der Wind über Thurm und Höh'n!
In ein Bahrtuch hüllt' ich den todten Mann,
Seiner Mutter zu Füßen legt' ich ihn dann:
O, der Earl war schön zu seh'n!

Die Ballade von Oriana.

Mein Herz ist wund und blutet sehr,
Oriana.
Keine Ruh' für mich auf Erden mehr,
Oriana.
Liegt Schneefall auf den Wäldern schwer,
Zerbricht der Sturm die Bergesföhr',
Oriana,
Ich wandre einsam hin und her,
Oriana.

Die Hähne schrien verdrossen,
Oriana.
Das Thor ward aufgeschlossen,
Oriana.
Wolken gossen, Wasser flossen,
Knechte zogen mit den Rossen,
Oriana,
Bewehrt mit Lanzen und Geschossen,
Oriana.

Im Eibenholze schwarz wie Nacht,
Oriana,
Eh' ich zum Kampf mich aufgemacht,
Oriana,
Im Eibenholz auf stiller Wacht,
Bei Mondenschein und Sternenpracht,
Oriana,
Schwor ich dir Treue vor der Schlacht,
Oriana.

Hoch stand sie auf des Walles Höh'n,
Oriana,
Sie folgte meiner Helmzier Weh'n,
Oriana.
Sie sah mich in's Gemenge geh'n,
Einen starken Feind mußt' ich besteh'n,
Oriana;
Dicht stand er vor des Walles Höh'n,
Oriana.

Der bittre Pfeil er ging vorbei,
Oriana!
Der falsche Pfeil, er ging vorbei,
Oriana!

Der Pfeil des Fluches ging vorbei,
Und schnitt dein süßes Herz entzwei,
Oriana!
Mein Leben, schnitt dein Herz entzwei,
Oriana!

Nun Kampf und Toben überall,
Oriana.
Die Hörner schrien mit lautem Schall,
Oriana.
O, tödtlich war der Schwerter Fall,
Das Blut entfloß der Panzerschnall',
Oriana;
Ich lag am Boden vor dem Wall,
Oriana.

Was traf kein Schwert mich, wo ich lag,
Oriana?
Was stand ich auf in meiner Schmach,
Oriana?
Wie konnt' ich anschau'n noch den Tag,
Was traf kein Schwert mich, wo ich lag,
Oriana —
Weh', daß kein Huf mein Haupt zerbrach,
Oriana!

O brechend Herz, das doch nicht bricht,
Oriana,
O mild und fromm und bleich Gesicht,
Oriana,
Du lächelst, doch du redest nicht —
Ach, meine Thränen stürzen dicht,
Oriana!
Was suchst du, meiner Augen Licht,
Oriana?

Ich wein' und geh' in großem Schmerz,
Oriana.
Ich seh' dich winken allerwärts,
Oriana.
Ich wank' umher in meinem Schmerz,
Ach, blut'ge Thränen weint mein Herz,
Oriana.
Durch deine Seele fuhr mein Erz,
Oriana.

O, Fluch der Hand, die das gefügt,
Oriana!
O, glücklich du, die niedrig liegt,
Oriana!

Vom hohen Schloß mein Banner fliegt —
O, hätt' ich nun und nie gesiegt,
Oriana!
Ein öder Weg, der vor mir liegt,
Oriana!

Wenn über's Meer die Stürme schrein,
Oriana,
Ich irr' am Strand, und denke dein,
Oriana.
Du liegst und schlummerst unter'm Rain,
Gern stürb' ich, um dir nah zu sein,
Oriana.
Ich höre Wind und Wellen schrein,
Oriana.

Der sterbende Schwan

Das Land war grasbedeckt und bloß,
Weit, wild, und offen rings dem Stoß
Der Luft, die wölbend es umfloß
  Mit einem Dach von düsterm Grau.
Der breite Strom war gelb von Schlamm;
Ein Schwan auf ihm herniederschwamm
  Mit lautem Klagelied.
Des Tages Mitte war's genau,
Der Wind umstrich der Erlen Stamm,
Und riß die Spitzen ab vom Rieth.

Fern hob sich blauer Gipfel Höh';
Am kalten Himmel blitzte weiß
Auf ihrem Haupt der Schnee.
Eine Weide bog sich am Gestad,
Und trank die Fluth, und seufzte leis.
Im Winde sang die Schwalbe,
Sich selber jagend her und hin,

Und durch das Moorland, still und grün,
Bezeichnet ward der Rinnen Pfad
Durch Blasen, rothe, schillernde, falbe.

Des Schwanes Lied ergriff mit Lust
Das Herz der Wüstenei --
Mit Lust und Weh'. Zuerst erscholl
Das Wirbeln tief und klar und voll;
Dann war es nur ein matter Schrei,
Der aus der todgeweih'ten Brust
Mit leisem Schmerze quoll.

Doch dann auf's Neue, mächtig und breit,
Bald ein Lied, das jauchzt, bald ein Lied, das grollt,
Mit kühnen Klängen kam es gerollt,
Wie wenn ein mächtig Volk sich freut
Mit Cymbeln, Schalmei'n und Harfen von Gold,
Und hinausströmt den Jubel, den es zollt,
Durch die offnen Thore der Hauptstadt fern
Dem Hirten, der anschau't den Abendstern.

Und das kriechende Moos und das rankige Moor,
Und die Weidenzweige, vom Strom bespült,
Und das schwellende, seufzende, flüsternde Rohr

Und das hallende Ufer, vom Wasser zerwühlt,
Und die Blumen der Oede, zitternd und bang
Ihre Köpfchen hebend die Bucht entlang —
All' überfluthete wirbelnder Sang.

Lied.

Wenn die Eul' nur wacht,
Um Mitternacht,
In zerrissner Tracht
An der stöhnenden Woge sitzt der Kummer.
Karst und Geräth
Neben ihm steht,
Denn er grub sich ein Grab, er sehnt sich nach Schlummer.
Er sitzt dort allein;
Die Wolken triefen, los flattert sein Haar;
Morsch sein Gebein;
Seine Thräne rinnt in den Thau so klar.

Der Tod steht dabei,
Ihm einerlei!
Seinem Brüten treu,
Anstarrt er sein Grab: Schlaf hat er keinen.
Einsam allzeit
Stöhnt er und schreit;

167

Er kann nicht sprechen, er kann nur weinen.
Hoffnung will er nicht.
Regen und Schnee stürzt herab in Bächen.
Die Welle trauert, die dumpf sich bricht;
Die Welt wird nicht anders, sein Herz will nicht brechen.

Die Dame von Shalott

1.

Durch Gerst' und Roggen und Gehäg
Rinnt des Stromes Welle träg,
Und mitten durch die Felder schräg,
Wie ein Faden läuft der Weg
 Zum vielgethürmten Camelot;
Und auf und ab die Leute gehn,
Schauend, wo die Lilien wehn
Um ein Eiland still und schön,
 Das Eiland von Shalott.

Weiden flüstern, Espen beben,
Schimmernde Libellen schweben
Um die Fluthen glatt und eben,
Die das Eiland kühl umgeben,
 Niederzieh'nd nach Camelot.
Vier Wälle grau, vier Thürme grau
Ueberschau'n die Blumenau,
Und auf der Insel wohnt die Frau,
 Die Dame von Shalott.

Unter Weiden am Gestad
Schlängelt sich der Rosse Pfad;
Ungegrüßt dem Orte naht
Die Bark' in seidner Segel Staat,
  Die niederschwimmt nach Camelot.
Doch wer sah winken ihre Hand?
Wer sah, wie sie am Fenster stand?
Kennt man sie ringsum denn im Land,
  Die Dame von Shalott?

Schnitter nur, die bei den Weiden
Früh die bärt'ge Gerste schneiden,
Hören an ein Lied mit Freuden,
Das den Strom hinab auf beiden
  Ufern schallt bis Camelot;
Sie auch, die im Mondlicht stehen,
Garben schichtend auf den Höhen,
Flüstern still: „Es ist die Feen-
  Dame von Shalott!"

2.

Dorten webt sie Tag und Nacht
Ein magisch Zeug von bunter Pracht.
Sie hat gehört ein Flüstern sacht:

„Dich trifft ein Fluch, hab' Acht, hab' Acht,
Siehst nieder du auf Camelot!"
Sie weiß nicht, welch ein Fluch das ist;
So webt sie denn zu jeder Frist,
Und jeder Sorge sonst vergißt
Die Dame von Shalott.

Und vor ihr hängt ein Spiegel klar;
Drin sieht sie Alles auf ein Haar;
In dem erscheinen wunderbar
Schatten der Welt das ganze Jahr:
Da führt der Weg nach Camelot;
Da schäumt die Welle weit und breit,
Da wandeln grobe Bauersleut';
Da gehn zu Markt im rothen Kleid
Marktmädchen von Shalott.

Jungfrau'n, die wie Rosen blühn,
Aebte, die auf Mäulern ziehn
Schäferbuben, stark und kühn,
Ein Pag' auch wohl in Karmoisin —
Das Alles wallt nach Camelot.
Und oft gesprengt in langer Reih'
Kommen die Ritter zwei und zwei
Sie hat keinen Ritter werth und treu,
Die Dame von Shalott.

Und was der Spiegel ohne Trug
Ihr zeigt, das webt sie in ihr Tuch;
Bei Nacht sogar den Leichenzug:
Mit Fackeln und Musik genug
  Zieht er des Wegs nach Camelot.
Dann, wenn der Mond durch Wolken bricht,
Fällt noch auf Liebende sein Licht;
„Ich bin halb krank von Schatten!“ spricht
  Die Dame von Shalott.

3.

Einen Bogenschuß von ihrem Saal,
Da zog er durch das Garbenthal;
Die Sonne warf den heißen Strahl
Durch's Laub und auf den Panzerstahl
  Des kühnen Lancelot.
Ein Ritter vor 'nem Frauenbild
Kniete fromm in seinem Schild;
Der brannte weithin durch's Gefild,
  Durch's Kornfeld von Shalott.

Mit Diamanten wie beschneit,
Funkelten die Zäume breit;
Die Zügelglöckchen, dicht gereiht,

Gaben hell ein froh Geläut!
  So ritt der Held nach Camelot.
Und am gestickten Wehrgurt vorn
Trug er ein mächtig Silberhorn;
Die Rüstung klirrte sammt dem Sporn
  Herüber nach Shalott.

Verwundert sah ihn an der Mähder;
Gestein umschien das Sattelleder;
Den Helm und auf dem Helm die Feder,
Für Eine Flamme hielt sie Jeder —
  So ritt er hin nach Camelot;
Wie manchmal durch die schwarze Nacht
Ein Meteor in stolzer Pracht
Unter den Sternen Bahn sich macht,
  Zu leuchten bei Shalott.

Glänzende Hufe hob sein Roß;
O, welch ein Licht sein Haupt ergoß!
Und kohlschwarz Ringelhaar entfloß
Dem Helm, der blitzend es umschloß —
  O, prächt'ge Fahrt nach Camelot!
Von dem Fluß und von dem Hügel
Flammt' er in der Dame Spiegel;
Lustig spielend mit dem Zügel,
  Sang Sir Lancelot.

Sie fuhr empor vom Webstuhl jach,
Sie that drei Schritte durch's Gemach,
Sie sah die Lilie blühn im Bach,
Sie sah dem Helm, der Feder nach,
  Sie sah hinab auf Camelot.
Das Tuch zerriß — was bebte sie?
Der Spiegel barst — sie sank auf's Knie;
„Nun wird der Fluch mich treffen!" schrie
  Die Dame von Shalott.

4.

Kalt im kalten Ostwind ragend,
Stand der Wald, sein Herbstkleid tragend;
Niederschwamm die Welle klagend,
Und Regen goß, die Thürme schlagend,
  Dicht herab auf Camelot.
Sie ging an's Ufer hoch und steil,
Da schwankte flott ein Boot am Seil,
Dem schrieb sie rund um's Vordertheil:
  Die Dame von Shalott.

Dann bei Sturm und Regenguß,
Wie ein Prophet, der schauen muß,
Was ihm bestimmt der Mächte Schluß,

Sah gläsern sie hinab den Fluß,
  Sah sie hinab nach Camelot.
Und bei des Tages letztem Schein,
Wie in einen Todtenschrein,
Trat sie stumm in's Boot hinein,
  Die Dame von Shalott.

Da lag sie nieder recht mit Fleiß;
Weit flog ihr Kleid, wie Schnee so weiß;
Auf sie herab fiel Blatt und Reis,
Durch der Nacht Getöse leis
  Trieb sie hinab nach Camelot.
Und als der Kahn das Feld entlang
Durch die Weidenzweige drang,
Da sang sie ihren letzten Sang,
  Die Dame von Shalott.

Sang ihn rings der Hörer Ohren;
Keinem ging ein Laut verloren;
Sang ihn, bis ihr Blut gefroren,
Bis ihr Aug' den Glanz verloren,
  Hingewandt nach Camelot.
Denn eh' sie mit der Wellen Braus
Erreicht am Strom das erste Haus,
Sang sie ihre Seele aus,
  Die Dame von Shalott.

Unter Thurm und Gallerie,
Vorbei an Fenstern, licht und glüh,
Durch Thore, drauf die Eule schrie,
Zog als eine Leiche sie
  Schweigend ein in Camelot;
Hastig auf den Flußdamm kamen
Ritter und Bürger, Lords und Damen,
Lasen am Nachen ihren Namen:
  Die Dame von Shalott.

Was geht vor, was ist geschehn?
Im Palastsaal, wo Fackeln wehn,
Verstummt des Festes laut Getön;
Aengstlich sich bekreuzend, stehn
  Die Ritter all' zu Camelot;
Bis Lancelot das Schweigen bricht;
Er ruft: „Sie hat ein süß Gesicht
Versag' ihr Gott die Gnade nicht,
  Der Dame von Shalott!"

Lady Clara Vere de Vere.

Lady Clara Vere de Vere,
Verzeihung, daß ihr mich nicht fingt!
Zur Kurzweil brechen wolltet ihr
Ein Dorfherz, eh' zur Stadt ihr gingt!
Hersaht ihr heiß, doch kalt wie Eis
Merkt' ich die List, und wich zurück:
Ob ihr von hundert Grafen stammt —
Ihr fehlt mir nicht zu meinem Glück!

Lady Clara Vere de Vere,
Auf Pergament- und Wappenkram,
Auf Rang und Namen seid ihr stolz —
Mir ist es eins, woher ich kam!
Ja, eins und gleich! Und nicht um euch
Brech' ich ein Herz, das Mehr begehrt!
Ein einfach Mädchen, hold und fromm,
Ist hundert Wappenschilder werth!

Lady Clara Vere de Vere,
Ich bin so zahm nicht, als ihr glaubt!
Und wärt ihr Königin der Welt,
Vor euch doch senkt' ich nie mein Haupt!
Zur Probe nur den Sohn der Flur
Nahmt ihr auf's Korn! — So rächt er sich:
Der Marmorleu auf eurem Thor
Sieht euch nicht kälter an, als ich!

Lady Clara Vere de Vere,
Was denk' ich nur an jenen Tag?
Nicht dreimal ward die Linde grün,
Seit Lorenz todt darunter lag!
Ihr habt geblickt, ihr habt umstrickt —
Auf's Zaubern mögt ihr euch verstehn!
Allein sein schußzerschmettert Haupt
Hättet ihr kaum wohl angesehn!

Lady Clara Vere de Vere,
Als er so dalag bleich im Moos —
Nun, seine Mutter ist ein Weib,
Und Leidenschaft macht rücksichtslos!
Ein bitter Wort vernahm ich dort,
Doch will ich's nicht verrathen hier.
Sie war so kühl und ruhig nicht,
Wie das Geschlecht der Vere de Vere!

Lady Clara Vere de Vere,
Ein Geist verfolgt euch allerwärts;
An eurer Schwelle haftet Blut —
Ja doch, ihr bracht ein harmlos Herz!
Nach kaltem Plan zogt ihr ihn an —
So wurde der Bescheidne kühn;
Dann saht ihr fremd auf ihn herab,
Und schlugt mit euren Ahnen ihn!

Ahnen! — Clara Vere de Vere:
O, wie mit Lächeln hoch im Blau'n
Der Gärtner Adam und sein Weib
Auf all' den Plunder niederschau'n!
Was adlig sein! Der ist's allein,
Der wirklich edel ist und gut!
Ein Herz wiegt Grafenkronen auf,
Und schlichte Treu' normännisch Blut!

Ich kenn' euch, Clara Vere de Vere!
Ich weiß es, wie ihr lechzt und siecht!
Weiß, wie der Stunden Einerlei
Auf euren stolzen Wimpern liegt!
Ihr strahlt, ihr glüht — doch seid ihr müd!
Doch quält euch, was ihr selbst nicht wißt!
So schlecht benutzt ihr eure Zeit,
Daß ihr wohl Ränke schmieden müßt!

Clara, Clara Vere de Vere,
Drückt euch die Zeit so überaus:
Nahn keine Bettler eurem Thor?
Seht ihr nicht Arme Haus bei Haus?
O, zu den Waisen tretet hin!
O, lehrt sie lesen, lehrt sie nähn!
Bittet den Himmel um ein Herz,
Und laßt den Bauerntölpel gehn!

Ulysses

Nur wenig nützt es, daß, ein müßiger König,
Am stillen Herde, zwischen nackten Klippen,
Und der bejahrten Hausfrau träg gesellt,
Gesetz ich wäge diesem wilden Stamm,
Der scharrt, und schläft, und ißt, und mich nicht kennt.
Ich kann nicht ruhn: ich will das Leben trinken
Bis auf die Hefen! Allzeit viel genossen
Und viel gelitten hab' ich — sei's allein,
Sei's mit den Freunden! Am Gestad sowohl,
Als wenn empört die regnichten Hyaden
Die Woge geißelten! Ich ward ein Name!
Denn immer schweifend, welt- und leutedurstig,
Sah und erfuhr ich viel: der Menschen Städte,
Erdstriche, Sitten, Rath und Regiment!
Hinwieder ich auch ward der Welt bekannt,
Und trank des Kampfes Lust mit den Gefährten,
Fern auf der lauten Waffenebne Troja's.

Ich bin ein Theil von Allem, was ich antraf!
Doch die Erfahrung ist ein Bogen nur
Durch dessen Thor die unbereis'te Ferne
Herblitzt: entschwindend, wenn ich nahn ihr will.
Wie traurig ist es, endend still zu stehn,
Dumpf zu verwittern, unnütz einzurosten!
Als wäre Athmen Leben! Hundert Leben
Reichten nicht aus, und wenig nur von Einem
Besitz' ich noch! So raub' ich jede Stunde
Dem ew'gen Schweigen denn, daß neue Dinge
Sie mir verkünde! Schlecht und thöricht wär's,
Für ein paar Sonnen feig mich aufzuspeichern:
Mich selbst und diesen grauen Geist, der rastlos,
Ein untergeh'nder Stern, dem Wissen nachjagt,
Soweit des Menschen trotzig Denken fliegt!

Dies ist mein Sohn, dies mein Telemachus,
Dem ich mein Scepter und mein Eiland lasse.
Ich halt' ihn werth! Dem, was er schaffen soll,
Ist er gewachsen! Mild und menschlich machen
Durch ernste Weisheit wird er dies Geschlecht,
Und seiner Rohheit mälig es entwöhnen.
Kein Makel klebt an ihm: gewurzelt steht er
Im Kreis der Pflichten, allzeit aufgelegt
Zum Werk der Güte, fromm sich beugend auch

Und Opfer bringend meines Herdes Göttern,
Nachdem ich schied! Er wirkt sein Werk, ich meins!

Dort liegt der Hafen, dorten graut die See,
Dort wölbt das weiße Segel sich. Genossen,
Die ihr gedacht, gerungen und gelitten
An meiner Seite habt: Sturmwind und Heitre
Mit freien Herzen und mit freien Stirnen
Gleich froh begrüßend — ich und ihr seid alt!
Doch auch das Alter hat Geschäft und Ehre!
Der Tod schließt Alles: aber vorher, Freunde,
Kann etwas Edles, Großes noch gethan sein,
Was Männern ansteht, die mit Göttern stritten.
Schon glitzern rings die Lichter am Gestad,
Der Tag versinkt, der Mond geht auf, die Tiefe
Wehklagt umher. Auf denn! noch ist es Zeit,
Nach einer neuern Welt uns umzusehn!
Stoßt ab, und, wohl in Reihen sitzend, schlagt
Die tönenden Furchen; denn mein Endzweck ist,
Der Sonne Bad und aller Westgestirne
Zu übersegeln — bis ich sterben muß!
Vielleicht zum Abgrund waschen uns die Wogen:
Vielleicht auch sehn wir die glücksel'gen Inseln,
Und den Achilles drauf, den wir ja kannten!
Viel ist gewonnen — viel bleibt übrig! Sind

Wir auch die Kraft nicht mehr, die Erd' und Himmel
Vordem bewegte: — was wir sind, das sind wir!
Ein einz'ger Wille heldenhafter Herzen,
Durch Zeit und Schicksal schwach gemacht, doch stark
Im Ringen, Suchen, Finden, Nimmerweichen!

Locksley Hall.

Laßt mich, Freunde! nur so lange noch der Frühwind rauscht im Korn!
Laßt mich hier; und soll ich kommen, ruft mich mit dem Jägerhorn

'S ist der Ort, und um die Giebel schrein die Vögel wie zuvor;
Trübe Sonnenschimmer fliegen über Locksley Hall durch's Moor:

Locksley Hall, das in der Ferne überschaut die sand'gen Flächen
Und die hohlen Meereswogen, die am Strand sich donnernd brechen.

Manche Nacht von jenem Fenster, eh' ich sinnend ging zur Ruh',
Sah durch's Laub ich den Orion, wie er sank dem Westen zu.

Manche Nacht auch die Plejaden, licht in Nebel aufgegangen,
Wie ein Schwarm von Feuerfliegen, die ein Silbernetz gefangen.

Dorten meine Jugend nährt' ich, einsam wandernd längs der Bucht,
Mit des Wissens Feenmährchen und der Zeiten ernster Frucht.

Hinter mir die Jahre ruhten, wie ein Ernteland voll Segen;
Heiß die Gegenwart umschloß ich ihrer reichen Keime wegen;

Und so weit ein Menschenauge spähend in die Zukunft dringt,
Taucht' ich unter in die dunkle, sah die Wunder, die sie bringt. —

In der Lenzzeit färbt den Finken tiefrer Scharlach wundersam;
In der Lenzzeit schmückt der Kibiz seine Stirn mit neuem Kamm.

In der Lenzzeit brennt die Iris auf der Taube Flügeln heller;
In der Lenzzeit kommt die Liebe, fliegen Herz und Pulse schneller.

Bleich war damals ihre Wange; bleich, als ob sie schweigend litte,
Und ihr Auge, stumm und eifrig, folgte jedem meiner Schritte.

Und ich sagte: „Bäschen Amy, sprich, und sag' die Wahrheit mir!
Glaub' mir, Amy, alle Ströme meines Wesens ziehn zu dir!“

Da auf ihre Stirn und Wange trat ein Glühn und trat ein Licht,
Wie ich's sah im hohen Norden, wenn ein Roth die Nacht durchbricht.

Und sie wandte sich — ihr Busen zitterte und flog und schwoll;
Dämmernd zuckt' es ihr im Auge — dämmernd, fragend, ahnungsvoll.

Und sie sprach: „Ich barg mein Fühlen; barg es, fürchtend deinen Hohn!"
Sprach: „Du liebst mich Vetter?" weinte: „Dich, ach, liebt' ich lange schon!"

Liebe nahm das Glas der Stunden, dreht' es um in glüh'nder Hand;
Jede nahte, leicht geschüttelt, und verrann in goldnem Sand.

Liebe nahm und schlug des Lebens Harfe, daß sie stürmisch klang;
Daß die Saite•Selbst erbebte, und mit lautem Dröhnen sprang.

Manche Früh' auf braunem Moorland hörten wir das Schlagholz gellen,
Und ihr Hauch ließ meine Pulse mit des Lenzes Vollkraft schwellen.

Manchen Abend an den Wassern blickten wir den Schiffen nach:
Seele strömte heiß in Seele, wenn auf Lippe Lippe lag.

O du Flache, o du Seichte! O mein Mädchen, mein nicht mehr!
O, das düstre, düstre Moorland! O, das öde, öde Meer!

Falscher, als ein Hirn es ahnet, als ein Lied es je gesungen,
Warst du Puppe deines Vaters, warst du Sklavin böser Zungen!

Thörin! Mich gekannt zu haben — und an einen schlechtern Mann
Und an eine engre Seele feil dich wegzuwerfen dann!

So zu sinken! Ja doch, Amy: Sinken wirst du Tag um Tag,
Bis an Stumpfheit seinem Fühlen deines sich vergleichen mag!

Wie der Gatte, so die Gattin! Deiner ist ein Bauer nur
(Lord zwar heißt er!): — dich herabziehn wird die gröbere Natur!

Halten wird er dich, mein Mädchen, hat sein Glühn sich erst verzehrt,
Etwas besser als sein Windspiel, etwas lieber als sein Pferd.

Was ist das? Sein Aug' ist gläsern! Gar vom Weine? Glaub' es nicht!
Geh', nimm seine Hand, umarm' ihn, küss' ihn — es ist deine Pflicht!

Geh' doch hin! Er sitzt verdrossen nach der Jagd gewalt'gen Müh'n!
Geh', laß seine Stirn umgaukeln deine leichtern Phantasien!

Nur verständlich mußt du's machen: denn du weißt ja, sein Verstand — —
Besser doch, du lägest vor mir — todt — und todt durch meine Hand!

Besser doch, wir lägen beide, dieser Herzensschmach entrückt,
Eines in des Andern Armen, sterbend Brust an Brust gedrückt!

Fluch der krankenden Gesellschaft, die verderbt und abgeschwächt
An der Kraft der Jugend sündigt und der Wahrheit ew'gem Recht!

Fluch den Formen, deren Herrschaft uns verkrüppelt und verbildet!
Fluch dem Golde, das des Thoren niedre, platte Stirn vergüldet!

Wohl — es ziemt mir, daß ich tobe! — wärst du meiner werth geblieben —
Wollt' es Gott! — kein Weib auf Erden hätt' erlebt noch solch ein Lieben!

Doch ich rase! Festzuhalten, was nur bittre Früchte trägt!
Fort, du Unkraut — ob mein Herz auch heiß in deiner Wurzel schlägt!

Nein doch! nimmermehr! — Und sollt' ich leben auch so manches Jahr,
Wie die Dohle, die ergraute Führerin der Dohlenschaar!

Wo ist Trost? Vielleicht im Theilen Dessen, was das Herz erfuhr?
Kann ich von sich selbst sie trennen, kann ich stückweis lieben nur?

Einer denk' ich — die ging unter! Süß ihr Wort und süß ihr Blick!
Einer denk' ich — Ach, sie sehen, ach, sie hören war schon Glück!

Lieb' ich sie, gleich einer Todten, weil sie *einmal* an mir hing?
Nein — sie liebte nie mich wahrhaft: Lieb' ist kein *vergänglich* Ding!

Trost? der Teufel soll ihn holen! daß man mich mit Trost verschone:
Die Erinn'rung beßrer Dinge ist des Kummers Kummerkrone!

O, sieh' zu, daß nicht auch dein Herz jammernd es erfahren mag,
In der Nacht, der öden, todten, wenn der Regen klirrt auf's Dach!

Wie ein Hund im Traume jagt er, und du starrst zur Wand beklommen,
Wo das sterbende Nachtlicht zittert, wo die Schatten gehn und kommen!

Eine Hand dann wirst du schauen! deiner Ehe Wittwenkissen
Und des Gatten trunknen Schlummer zeigt sie deinen Thränengüssen!

Die Phantome künft'ger Jahre hörst du: „Nimmer, nimmer!" singen,
Und ein Lied aus weiter Ferne wird in deinen Ohren klingen!

Und ein Auge wird herabsehn, mild wie einst, auf deine Qual:
Wende dich auf deinem Pfühle! schlumm're doch, wie dein Gemahl!

Nicht doch! andrer Trost umgibt dich! hör ich nicht ein Stimmchen schrein?
Süßes Athmen eines Säuglings wird dir Halt und Stütze sein.

Ja, zu Boden wird mich lachen deiner Kinder helle Lust,
Und mein jüngster Nebenbuhler drängt mich von der Mutter Brust.

Zärtlichkeit auch für den Vater pflegt ein Kindlein anzufachen.
Dein zur Hälfte, sein zur Hälfte — nun, es wird euch Ehre machen!

O, ich seh' dich alt und förmlich (Förmlichkeit mag dir geziemen!),
Wie das Herz du einer Tochter niederpredigst mit Maximen!

„Unnütz wären die Gefühle — Führer, die oft elend machten —
Du auch könntest davon reden" — Stirb in deinem Selbstverachten!

Ueberleb' es — nein, noch tiefer — fühl' dich glücklich! Aber ich —
Der Verzweiflung zu entgehen — handeln will ich, tummeln mich!

Was beginnen nur! In Tagen, die so nüchtern sind, wie die?
Gold verriegelt jede Pforte, Gold allein auch öffnet sie!

Ueberfüllt ist jeder Marktplatz, und umworben jedes Thor!
Nichts, als eine zorn'ge Seele, nenn' ich mein: Was nehm ich vor?

Gern im Kampfe möcht' ich sterben; fallen, wo die Kraft nur gilt,
Wo die Rotten Dampf umwirbelt, wo der Schall die Winde stillt!

Doch des Goldes schnöd Geklingel heilt sogar der Ehre Wunden:
Thatlos ruhn die Nationen, sich beknurrend nur, gleich Hunden!

Ob sich meinem wilden Schmerze das Vergangne nur erneut?
Mach mich dieser Regung Meister, wunderbare Mutter Zeit!

Laß mich fühlen, was ich fühlte, als ich frisch zum Streite kam;
Als ich vor mir meine Tage und des Lebens Lärm vernahm!

Als ich heiß und hungrig aussah nach der Zukunft großem Fest,
Wie ein Knabe, wenn zuerst er seines Vaters Feld verläßt.

Nachts auf dunkelm Heerweg eilt er, bis der Horizont erglüht,
Bis er, eine grause Dämm'rung, London's Licht am Himmel sieht.

In ihm seine Seele zittert, weil sie gern voraus ihm spränge,
Unter jenem Wiederscheine sich zu mischen in's Gedränge!

Einzutreten in die Menschheit, die nicht rastet, die nicht ruht:
All ihr Thun nur ein Versprechen Dessen, was sie künftig thut!

So, wie weit ein Menschenauge spähend in die Zukunft dringt,
Taucht' ich unter in die dunkle, sah die Wunder, die sie bringt.

Sah Verkehr die Himmel füllen, sah Fregatten sie befahren,
Aus des Abends Purpurwolken niederlassend prächt'ge Waaren.

Hörte Schlachtruf in den Wolken, und herabfloß blut'ger Thau
Von der Völker luft'gen Flotten, die sich stritten hoch im Blau.

Und der warme, weiche Südwind trieb das Wetter vor sich her;
Aus den Rissen des geballten flog das Banner, glomm der Speer.

Bis die Fahnen still sich senkten, bis die Trommel ausgegellt
In dem Parlament der Menschheit, auf dem Bundestag der Welt!

Bis die Mehrzahl, die verständ'ge, Wahn und Tyrannei besiegte,
Und bis Ein Gesetz die Erde friedlich in den Armen wiegte!

Also muthig triumphirt' ich, bis der Leidenschaften Hauch
Dörrend, lähmend durch mein Herz fuhr, und vergilben ließ mein Aug'.

Dieses Auge, dem das Leben ausgerenkt und schwärig däucht;
Das es sehn muß, wie das Wissen träg von Punkt zu Punkte schleicht;

Wie das Volk nur mälig anrennt seine Dränger und Bedräuer,
Gleich dem Leu'n, der leise, leise zukriecht auf ein sterbend Feuer.

Dennoch glaub' ich, daß ein Endzweck wachsend durch die Zeiten läuft;
Und daß mit der Sonnen Fortschritt auch der Geist des Menschen reift.

Zwar — was hilft es? Da nicht ernten, da die Frucht nicht kosten darf,
Wer das Saatkorn, das lebend'ge, hoffend in die Furchen warf!

Kenntniß kommt, doch Weisheit zögert, und ich bin noch weit vom Port,
Und der Einzelne verwittert, und die Welt geht fort und fort.

Kenntniß kommt, doch Weisheit zögert, und der Stille seiner Ruh'
Trägt ein schwer beladen Herz er und ein trüb Erfahren zu.

Horch, da rufen die Genossen! Horch, des Jagdhorns lust'ger Ton!
Kännten sie mein thöricht Lieben: o, wie träfe mich ihr Hohn!

Und mit Recht! Wozu noch harfen auf der längst vermorschten Saite?
Scham in tiefster Seele fühl' ich über diese schnöde Freite!

Doch — wie schwach, der Schwäche zürnen! Weibes Schmerz und Weibes Lust —
Blindre Regung sind sie beide, und in einer engern Brust!

Schatten nur des stärkern Mannes ist das Weib! So muß es sein:
Sie der Mond und wir die Sonne, sie das Wasser, wir der Wein!

Mindestens in diesen Strichen, wo erkrankt ist die Natur.
O, durchzög' ich meine Wiege, jenen sprüh'nden Osten, nur!

Wo im wilden Kampf mein Vater hinsank durch Mahrattenspieß,
Und in eines eigensücht'gen Oheims Hut die Waise ließ!

Sprengend der Gewohnheit Fesseln, ziehn und schweifen möcht' ich dorten,
Durch die Meere, durch die Inseln, nach des Tages goldnen Pforten!

Wo die Sterne lichter scheinen, wo die Himmel tiefer blauen,
Wo die Palme stolz sich schüttelt über Paradiesesauen!

Nimmer kommt das Kauffahrteischiff, nimmer wehn Europa's Fahnen!
Durch das jungfräuliche Waldland schwirrt der Vogel stille Bahnen.

Von den Klippen nickt die Blume, neigt der Baum sich früchteschwer,
Und um Inseln, grün wie Eden, wallt und schäumt ein Purpurmeer.

Dorten, mein' ich, sei des Lebens Lust und Vollgenuß zu Hause,
Mehr als hier — in Weltgedanken und in Eisenbahngebrause!

Dorten wird die Leidenschaften hemmen Nichts und niederbeugen —
Eine Wilde will ich nehmen, braune Buben mit ihr zeugen

Eisengliedrig, schlangensehnig, sollen tauchen sie und rennen,
Lanzen schwingen und die Berggais bei den Haaren fangen können!

Sollen durch die Regenbogen springen über klaren Bächen,
Nicht mit jämmerlichen Büchern ihre junge Sehkraft schwächen! —

Thor, auf's Neue diese Träume! Wieder zornig, wieder blind!
Steht mir nicht der graue Wilde tiefer, als das weiße Kind?

Ich, Genosse niedrer Stirnen! Ich, ein Thier! Ich, ein Barbar!
Des Jahrhunderts herrlicher Siege und Errungenschaften baar!

Ich, und eines rohen Weibes eben roher Gatte! — Nein!
Erbe bin ich aller Zeiten, Kämpfer in den ersten Reih'n!

Eher will ich, sei die Menschheit ihrem letzten Ende nah,
Als daß stillesteht die Erde, wie der Mond des Josua!

Nicht vergebens winkt die Ferne! Vorwärts, vorwärts laßt uns schweifen!
Laßt die Völker, rastlos wechselnd, muthig ihr Geschick sich greifen!

Durch die Weltnacht laßt uns stürzen in des jüngern Tages Zonen:
Besser fünfzig Jahr' Europa's, als chinesische Aeonen!

Mutter Zeit (nie kannt' ich meine!) führ' hinaus, was du begonnen:
Spreng' die Berge, roll' die Wasser, wirf die Blitze, wäg' die Sonnen!

O, ich seh's, noch ging nicht unter, was mein Ahnden mir versprochen;
Alte Quellen der Begeist'rung fühl' ich frisch mein Herz durchpochen.

Wie es sei und wie es werde: — Locksley Hall, fahr wohl auf immer!
Meinethalben mag dein Wald nun stürzen und dein Dachgezimmer! —

Kommt ein Dampf vom Meergestade, schwärzlich über Haid' und Holz,
Vor sich her den Sturmwind drängend, in der Brust den Donnerbolz.

Mög' auf Locksley Hall er fallen, Hagel, Eis, Blitz oder Schnee; —
Denn der mächt'ge Wind erhebt sich, seewärts brüllend, und ich geh'!

Godiva.

Ich wartete zu Coventry des Bahnzugs;
Ich hing mit Volk und Kellnern auf der Brücke,
Und blickt' auf die drei schlanken Thürme; — dort
Des Ortes alte Sage formt' ich also: —

Nicht wir allein, die jüngste Saat der Zeit,
Männer von gestern, die wir das Vergang'ne,
Rasch wie ein Rad sich dreht, zu Boden sprechen,
Und dieß und das von Recht und Unrecht plaudern —
Nicht wir allein erbarmten uns des Volks,
Und knirschten zornig, sahn wir's übersteuert:
Nein — Sie, die Liebliche vor tausend Sommern,
Godiva, Gattin jenes grimmen Earl's,
Der Herrscher war in diesem Coventry,
That mehr und litt mehr, und erreichte mehr.
Denn als er ausschrieb eine schwere Steuer,
Und alle Mütter ihre Kinder brachten,
Jammernd: Wir sterben Hungers, wenn wir zahlen!"

Da suchte sie und fand sie ihren Herrn,
Wo er, allein, inmitten seiner Hunde,
Die Halle maß, sein Bart zwei Schuhe vor ihm,
Und eine Elle hinter ihm sein Haar.
Sie sagt' ihm Alles, sagt' ihm: „Sie verhungern,
Dafern sie zahlen!" — was ihm seltsam schien.
„Um Solche," höhnt' er, nicht den kleinen Finger
Ritzest du dir!" Sie drauf! „Ich stürb' um sie!"
Er lacht', und schwur bei Peter und bei Paul;
Dann faßt er tändelnd ihren Demantohrring:
„Ach, ach, du sprichst!" — „Nein," rief sie, „prüfe mich!
Ich thue, was du willst, um sie!" — Sofort,
Aus einem Herzen, rauh wie Esau's Hand,
Zürnt' er: „So reite nackt denn durch die Stadt,
Und ich erlasse diesen Zoll!" und murrend
Schritt er von dannen, hin durch seine Hunde.

Als sie allein nun war, da, wie wenn Winde
Aus Nord und Süd losrasen auf einander,
Bekämpften ihre Leidenschaften sich
Für eine Stunde — bis das Mitleid siegte.
Und einen Herold sandte sie hinaus;
Den hieß sie künden zu Trompetenschall
Den harten Preis; doch daß sie willig sei
Das Volk zu lösen! drum, bei seiner Liebe,

Anflehe sie's, daß bis zur Mittagzeit
Kein Auge frech zur Straße niederschau'n,
Kein Fuß die Straße frech betreten möge!
Zu Hause halten wolle Jeder sich,
Die Thür verriegelt, zugemacht das Fenster!

Dann floh sie in ihr innerstes Gemach,
Und hakte los dort die verbundnen Adler,
Die ihr der Earl geschenkt: ihr Gürtelschloß.
Bei jedem Athemholen hielt sie inne,
Fast wie ein Sommermond, der aus Gewölk
Schamhaft hervortritt. Schüttelnd dann ihr Haupt,
Ergoß ihr wellig Haar sie bis aufs Knie;
Zog rasch sich aus; stahl sich die Trepp' hinab;
Und, wie ein Sonnenstrahl, von Säul' zu Säule
Glitt sie und huschte, bis am Thor sie stand.
Dort ihren Zelter traf sie: Purpurzeug
Deckt' ihn, mit Golde prächtig blasonirt.

Dann ritt sie fort, mit Keuschheit angethan.
Die Lüfte schwiegen, und der leise Wind,
In Ehrfurcht lauschend, wagte kaum zu athmen.
Die Drachenhäupter an des Pallastdachs
Metall'nen Rinnen schienen ihr zu blinzeln;
Des Hofhunds Bellen macht' ihr Antlitz flammen.

Und ihres Zelters Hufschlag bebte Schrecken
Durch ihre Pulse! Dann die Spalten rings
Der blinden Mauern! Ach, und die phantast'schen,
Neugier'gen Giebel! Doch sie hielt sich aufrecht,
Bis sie vom Feld her durch das graue Stadtthor
Den blüh'nden Flieder weiß erglänzen sah.

Dann ritt sie heim, mit Keuschheit angethan.
Und sieh', ein roher, niedriger Gesell,
Abscheu und Sprichwort aller Folgezeit,
Ein Löchlein bohrend, lauerte: doch plötzlich,
Eh' seine Augen ihren Willen hatten,
Betraf sie Blindheit — Blindheit für allzeit!
So hat die Macht, die edle Thaten schützt,
Den schnöden Mißbrauch eines Sinns gezüchtigt:
Sie aber wußt' es nicht, und ritt vorbei.
Da auf einmal, mit zwölf gewalt'gen Schlägen,
Von hundert Thürmen klirrt' und hämmerte
Schamlos der Mittag — ein Schlag nach dem andern!
Doch grade da beschritt sie ihr Gemach,
Trat dann hervor in Kron' und Purpurkleid
Vor ihren Herren, nahm hinweg die Steuer,
Und schuf sich lächelnd einen ew'gen Namen. *

* Vergl. G. C. Lichtenberg's Vermischte Schriften. Neue Original-Ausgabe Bd. V. S. 323

Amphion.

Vom Vater fiel ein Park mir zu,
Doch ist er nackt und öde,
Und daß was in ihm wachsen thu',
Davon ist keine Rede!
Noch schiert es seine Blätter nicht,
Ob's warm ist oder kalt ist,
Doch birgt den Keim er, wie man spricht,
Von Allem, was ein Wald ist.

O, hätt' ich zu Amphion's Zeit
Gelebt, des blinden Heiden!
Da braucht' ich nicht zu sorgen heut
Für Pflanzen, Impfen, Schneiden!
Da nähm' ich nur die Fiedel hier,
Und strich' und geigte wacker,
Und geigte Busch die Fülle mir
Auf meinen kahlen Acker!

Man sagt, er wußte sondern Klang
Den Saiten zu entlocken;
Er brachte, wo er spielt' und sang,
Ein Holz gleich auf die Socken.
Wo immer man ihn dudeln sah,
Da ging das Feld nicht leer aus;
Da kam, trotz ihrem Podagra,
Die Eiche selbst zum Kehraus.

Der Berg und auch die Felsenwand
Begannen sich zu regen;
Die Esche tänzelte galant
Dem Buchenstamm entgegen;
Hollunderast und Epheuzweig
Berief sein Reimgeklingel,
Und selbst der Nied'rung Lodenzeug
Herzauberte der Schlingel.

Die Birke schwang ihr duftend Haar,
Die Brombeer' fiel zur Erden;
Der Schnaps, der im Wachholder war,
Fing an fidel zu werden.
Der Pappeln Schaar, in langer Reih',
Erging sich mit Cypressen;
Die Nickkopf-Weiden, zwei und zwei,
Polkirten wie besessen.

Naßschuhig kam die Erle dann,
Kam sonst noch Bachgestrippe;
Vom Kirchhof hopste schwer heran
Der Eiben finstre Sippe.
Die Ulme riß vom Wein sich los;
Nachflog die Rebe hastig.
Harztriefend, aus der Bergkluft Schoos
Plumpte die Tanne mastig.

Und drollig war's, man glaubt es kaum,
Wenn über seinem Singen
Die Thalgelände, Baum für Baum,
Auf und zum Teufel gingen;
Wenn, halb erfreut und halb erschreckt,
Die Schäfer niederspähten,
Den Blättern nach, die, gelbgefleckt,
Im Sonnenschein sich drehten!

Da hielt die Schöpfung doch noch Stich,
Die jetzo ganz verkehrte;
War üppig, biegsam, jugendlich,
Und sprang, wie man's begehrte.
Schnarr' aus denn, die du muthlos klagst,
Schnarr' aus denn, meine Geige!
Laß hören, was du *noch* vermagst,
Und bring' mir Laub und Zweige!

Umsonst! In solcher eh'rnen Zeit
Beweg' ich keine Distel!
Kein Sperling gibt mir Antwort heut,
Und säng' ich durch die Fistel!
Mein höchster Lohn bis jetzt, o Grau'n,
Ein Lied des Langohr-Thieres,
Und etwa, über'n Pachthofzaun,
Das Gaffen eines Stieres.

Allein was hör' ich? Welch ein Schall?
Was gibt es da zu lernen?
Hilf Gott, es ist der Redeschwall
Der Musen, der modernen!
In meines Nachbars Gartenhaus,
Da sitzen sie und lesen;
Da sitzen sie und machen aus
Gelahrtes Gärtnerwesen.

Die welken Jungfern! Welch ein Text
Für ihren Blaustrumpfreigen!
Ei, wie von Allem, was da wächst,
Sie euch ein Pröblein zeigen!
Von diesem Buschwerk sollt ihr sä'n,
Dazu von diesen Gräsern!
So rathen sie: — in Tax-Alleen
Und hinter Treibhausgläsern!

Doch all das Zeug, trotz Mist und Müh',
Ist weder grün noch saftig;
Gebäht, begossen spät und früh,
Schämt es sich fast, wahrhaftig!
Nein, besser doch, was keimt und sprießt
Von selbst an seiner Stelle:
Waldunkraut, das in Samen schießt
An seiner Heimathquelle!

Mir aber wird die Faust nicht wund
Von Rechen und von Spaten;
Ich baue still mein Fleckchen Grund,
Und werfe meine Saaten.
Die Schauer nehm' ich, wie sie sprühn:
Von Herzen schon zufrieden,
Ist mir zuletzt für all mein Mühn
Ein Gärtchen nur beschieden!

Das Bettlermädchen. *

Die Arme kreuzend auf der Brust,
Barfuß in Schönheit stand sie da;
So trat sie, aller Augen Lust,
Hin vor dein Schloß, Cophetua!
In Kron' und Staat der König naht;
Er grüßt sie, was er grüßen mag.
„Kein Wunder!“ sprach der ganze Hof,
„Denn sie ist schöner, als der Tag!“

Gleichwie der Mond durch Wolkenrauch,
So schien sie durch ihr arm Gewand.
Der pries ihr Haar und der ihr Aug',
Der ihre Knöchel, ihre Hand.
Solch ein Gesicht, so lieb, so licht,
Beglückte nie noch dieses Thal.
Cophetua schwur einen Königsschwur:
„Dieß Bettlerkind wird mein Gemahl!“

* Das Motiv ist aus der alt-englischen Ballade: „King Cophetua and the Beggar Maid" (abgedruckt in Percy's „Reliques," Ser. I., book 2.) genommen.

Der Dichter.

Der Regen ließ nach, der Dichter stand auf,
Er ging durch die Stadt, und hinaus in's Feld;
Von der Sonne Thoren kam leis ein Wehn,
Und die Aehren haben gewellt.
Und er legte sich hin, wo ihn Keiner sah
Und er sang eine Weise, laut und süß,
Daß der wilde Schwan im Gewölk verzog,
Und die Lerche sich niederließ.

Die Schwalbe vergaß ihre Bienenjagd,
Die Schlange fuhr her durchs Laub;
Mit der Dun' auf dem Schnabel stand der Weih',
Und starrte, den Fuß auf dem Raub.
Und die Nachtigall dachte: „Ich sang manch Lied,
Doch nicht Eines so froh von Ton!
Denn er singt von der Welt und was sie ist,
Wenn die Jahre starben und flohn!"

Der Bach.

Eine Idylle.

„Am Bach hier schieden wir, nach Indien ich,
Und nach Italien er — zu spät, zu spät!
So Einer war er, den die starken Söhne
Der Welt verachten: Reime seine Stocks,
Und weiche Rhythmen mehr ihm als Procente.
Auch konnt' er nicht begreifen, wie Geld heckt;
Hielt's für ein todtes Ding, und konnte selbst doch
Das Nichts zu einem Etwas machen. — O,
Hätt' er gelebt! In unsern Büchern heißt's
Von solchen, deren Haupt dem Schwarm entragte:
Sie blühten dann und dann. Doch in ihm schien
Das Leben kaum zu blüh'n: es gränzte nur
An solch 'ne Zeit, wie sie dem Laub vorausgeht,
Wenn rings der Wald in grünem Dufte steht,
Und Nichts vollkommen ist. — Den Bach doch liebt' er,
Nach dem auch ich — in den brandmarkenden Sommern
Bengalens, oder in der süßen, halb-
Englischen Luft der Nil-Gerris sogar —

Ausleckzte, scheint es, nun ich neu ihm lausche,
Wie er des Knaben Primelphantasien
Mir, der den Knaben liebte, vorschwazt. Denn,
„O Bach,“ sagt er, „o Plauderbach,“ sagt Edmund
In seinem Reim, „von wannen kommst du, Bach?“
Worauf der Bach, warum nicht? so erwiedert:

Wo Rohrhuhn nistet, Reiher baut,
Da komm' ich hergesprungen,
Und sprüh' hinaus durch's Farrenkraut,
Und halt' ein Thal umschlungen.

Ich stürm' und schlüpfe, nimmer matt,
Längs dreißig Hügelrücken,
Seh' zwanzig Dörfer, Eine Stadt,
Und ein halbhundert Brücken.

Bis ich, wo Philipp's Bäume stehn,
Zum vollen Fluß mich wende,
Denn Menschen kommen, Menschen gehn —
Ich rinne fort ohn' Ende.

„Der arme Junge! Nach Neapel reisend,
Starb er zu Florenz, ganz erschöpft. Sieh', dort
Ist Darnley-Brücke! wie voll Ephen, seit
Ich sie zuletzt sah! Dort der Fluß! und dort
Ist Philipp's Hof, wo Bach und Fluß sich treffen.

Ich schwatz' in Dur und in Diskant —
O Nötchen, zarte, feine!
In Wirbeln platz' ich an den Strand,
Und plappre durch die Steine.

Ich krümme mich, und Feld und Rain
Grüß' ich mit Tropfensalven;
Manch Elfen-Vorland fass' ich ein
Mit Weidenlaub und Malven.

Ich plaudre, ohne stillzustehn,
Wie ich zum Fluß mich wende,
Denn Menschen kommen, Menschen gehn —
Ich rinne fort ohn' Ende.

„Doch Philipp schwazte mehr, als Bach und Vogel,
Der alte Philipp: rings im Feld vernahmst du
Taglang sein Zirpen, wie der trocknen, hoch-
Ellbogigen Grille, die das Gras durchstelzt.

Ich mache schnell mich von der Stell',
Mit manchem Blüthensegel,
Mit hier und da 'ner Lachsforell',
Und mit 'ner Aesche kregel;

Mit hier und da 'ner Flocke Schaum
Auf Antlitz und Gewande,
Wo silbern sich der Woge Saum
Bricht über gold'nem Sande;

Und alle heiß' ich mit mir gehn,
Wie ich zum Fluß mich wende,
Denn Menschen kommen, Menschen gehn —
Ich rinne fort ohn' Ende.

„O Käthe Willows, Philipp's einzig Kind!
Ein Mädchen uns'rer Zeit, doch still und sanft;
Tochter der Wiesen, aber keine Bäurin;
Schlank, doch geschmeidig, wie 'ne Haselruthe;
Ihr Aug' ein schamvoll Himmelblau, ihr Haar
An Glanz und Farbe die Kastanie, wenn
Die Schale dreifach platzt, die Frucht zu zeigen.

„Das herz'ge Kind! einst that ich ihr 'nen Dienst —
Ihr selbst und ihrem Vetter und Verlobten,
Dem Jakob Willows, mit ihr Eines Namens
Und Eines Herzens. Zwanzig Jahre sind's —
Die Woche, eh' ich schied vom armen Edmund.
Ich kam hieher, ich überschritt den Bogen
Der alten Brücke, die in Trümmern damals,
Noch jetzt, als finst're Augenbrau, dem Schimmer
Jenseits sich wölbt, wo sich die Wasser treffen.
Ich überschritt sie, in den Tag hinein
Vom „süßen Doon" die alte Weise pfeifend,
Und stieß an Philipp's Gartenthor. Das Thor,
Halb los von seiner schwachen, keifenden Angel,

Ließ sich nicht öffnen. „Lauf!“ vom Fenster rief er
Der Käthe zu, die irgendwo im Garten;
„Lauf, Käthe!“ Sie lief niemals. Hergewallt
Kam sie des Gartens duft'ge Geißblattgänge,
Ein wenig scheu, das Augenlid gesenkt,
Ihr Antlitz Apfelblüthe sanft erröthend
Um eine Gabe.

„Was nur mocht' es sein?
Empfindsam weniger, als verständig, war sie;
Nicht unbelesen, keine doch von Denen,
Die, in dem Quell erdichteter Thränen plätschernd,
Und aufgefüttert mit dem Mehlbrei süßer
Philantropien, den Bund der Ehe scheiden,
Drin das Gefühl dem Handeln sich gesellt.

„Sie sprach sich aus: sie zankten, sie und Jakob. —
Warum? der Grund? — Gar keiner! sagte sie. —
Er hätte keinen Grund? — Doch als ich drängte,
Hört' ich, daß Jakob eifersüchtig sey;
Das kränkte sie. — Wer kränkte Jakob? sagt' ich.
Doch sie zog rasch ihr Aug' von meinem ab,
Und auf den Kies mit spitzem Füßchen malend
Ein Zeichen wie 'nes Zaub'rers Drudenfuß,
Ließ sie mein Wort, in jäh erröthendem Schweigen,
Wie ungehört vorbeigehn, bis ich frug,

Ob Jakob käme. „Alle Tage käm' er,"
Gab sie zur Antwort, „möchte sich erklären,
Doch immer führ' ihr Vater ihm dazwischen
Mit 'ner Geschichte, irgend einer langen,
Und Jakob schiede, bös mit ihm und ihr."

Wie könnt' ich helfen? — „Wollt' ich — wär' es unrecht?"
(Gefalt'ne Händ' und süßer Siebenzehn
Anflehende Anmuth unterwarfen mich,
Noch eh' sie sprach), — o, wollt' ich ihren Vater
Für eine Stunde, eine halbe nur,
Bei Seite nehmen, und ihn reden lassen?"
Und als sie sprach noch, sah ich Jakob, wie
Er herschritt, gleich 'nem Water in der Brandung,
Jenseits des Bachs, gurttief in Wiesengeißbart.

„O Käthe, was um deinetwillen litt' ich!
Denn ich trat ein, und rief den Alten, mir
Den Hof zu zeigen. Willig stand er auf,
Durch seiner Weizenvorstadt duftende Gäßchen
Hinaus mich führend, schwatzend, wie er ging.
Er pries sein Land mir, pries mir seine Pferde,
Pries Pflüge, Kühe, Hunde, Schweine — Alles;
Pries seine Hennen, seine Gänse, seine
Perlhennen auch, und seine Tauben, die,
In voller Sitzung rings auf ihren Dächern,

Ihm Beifall gaben, sich vor ihren eignen
Verdiensten neigend. Von der Brust sodann
Der klagenden Hündin nahm er ihre Jungen,
Die blinden, zitternden, — jedwedes nennend,
Und auch die Freunde, die sie haben sollten.
Dann über'n Weideplatz nach Darnley-Wildbahn,
Sir Arthur's Rehe mir zu zeigen. Rings
In Busch und Farnkraut zahllos zwinkert' es,
Ohren und Schwänzchen. Auf den Wurzeln dann,
Den Schlangenwurzeln, einer Buche sitzend,
Wies er ein weidend Füllen mir und sprach:
„Das vier Jahr alte, das dem Squire ich zuschlug!"
Und nun die ganze lange Kaufgeschichte: —
Wie daß der Squire das Füllen weiden sah,
Und wie's das Pferd just, das die Miß sich wünschte;
Und wie der Vogt geschickt ward, nach dem Preis
Sich zu erkund'gen; welchen Preis er nannte,
Und wie der Vogt ihm zuschwor, er sei toll;
Doch er blieb fest; er ließ die Sache gehn,
Er ließ sie zappeln; und fünf Tage später
Fand er den Vogt im goldnen Vließe sitzen,
Der dort und damals etwas mehr ihm bot;
Doch er blieb fest, er ließ die Sache gehn;
Er kannte seinen Mann, das Füllen holte
Gewißlich seinen Preis; er ließ sie zappeln;

Bis endlich, ganz durch Zufall (war es Mai
Oder April, er wußt' es nicht, vielleicht
Den ersten Mai, den lezten des April),
Der Vogt am Hof vorbeiritt und vom Füllen
Zu sprechen anfing; alsobald in's Haus
Zog er den Mann, taucht' ihm das Herz in Ale,
Bis, Hand in Hand, sie Handels einig wurden.

„D'rauf, als ich schon im Angesicht des Hafens
Aufathmend dasaß, fing er — armer Kerl,
Konnt' er es ändern? — wieder an von vorn,
Und lief den ganzen Füllenstammbaum durch:
Den wilden Will, die schwarze Beß, Tantivy
Und Tallyho, Reform, die weiße Rose,
Bellerophon und die Kokette; dann
Arbaces noch und Phänomen, was weiß ich,
Bis ich, als Hörer nicht zu sterben, aufstand,
Und Philipp mit mir, stets noch schwatzend. — So,
Die Stirnen abwärts kehrend von der Sonne,
Der sinkenden, und unsern Schatten folgend,
(Dreimal so lang, als da sie uns von Philipp's
Thürschwelle folgten) kamen wir nach Haus,
Wo neu die Sonne der Zufriedenheit
In Käthe's Augen schien, und Alles gut war

Durch Wiesengrün und Haseln dicht
Schleich' ich, und durch die süßen,
Die zitternden Vergißmeinnicht,
Die für Verliebte sprießen.

Ich hüpf' und schlüpfe, tausendmal
Gestreift von meinen Schwalben;
Ich tanze mit dem Sonnenstrahl,
Am Wehr und allenthalben.

Ich murmle unter Mond und Stern,
In Brombeerwüsteneien;
Um meine Kressen zaudr' ich gern,
Und meine Kiesbankreihen.

Bis wieder doch, ohn' Stillestehn,
Ich mich zum Flusse wende,
Denn Menschen kommen, Menschen gehn —
Ich rinne fort ohn' Ende.

„Ja, Menschen kommen, Menschen gehn; und diese
Sind all' gegangen — alle! Edmund schläft,
Der theure Bruder, — nicht an seinem Bach,
Beim lieben Dorfkirchthurm, — nein, fern am Arno,
Bei Brunnelleschis Dom, — und schläft in Frieden.
Und Philipp — ach, von allen seinen Worten

Blieb nichts, als nur das magere P. W.
Auf seiner Gruft, von dem ich heut' das Moos
Abkrazte; — Käthe wallt am langen Fluthschlag
Südlicher Meere, australasischer,
Fern ab, und hebt ihr Haupt zu andern Sternen,
In andern Jahreszeiten. — Alle gingen!"

So, sitzend auf 'nem Steg der langen Hecke,
Verlorne Reime wälzend im Gemüth,
Und über'n Bach das kahle Vorhaupt neigend
Des ernsten Vierzigers, sann Lorenz Aylmer, —
Sann und war stumm. Auf einmal ließ ein Hauch,
Ein leises Athemholen in der Hecke
Der Windenranke zarte Glöckchen zittern,
Und er sah auf. Ein Mädchen war's, den Steg
Zu überschreiten. Ganz erschrocken starrt' er:
Ihr Aug' ein schamvoll Himmelblau, ihr Haar
An Glanz und Farbe die Kastanie, wenn
Die Schale dreifach platzt, die Frucht zu zeigen.
Dann, wundernd, frug er: „Bist du vom Gehöft?"
„Ja," sagte sie. „Ein einzig Wort! verzeih'!
Dein Name?" „Käthe!" „Das ist sonderbar!
Und die Familie?" „Willows." „Nein!" „So heiß' ich!"
„Ei, in der That" — Und so verwirrt nun stand er,
Daß Käthe lacht' und lachend roth ward, bis
Er selber lachte, doch wie wer im Traume,

Eh' er erwacht, was Fremdes tagen fühlt.
Dann, sie anseh'nd: „Zu glücklich, frisch und schön,
Zu frisch und schön in dieser trüben Welt,
Lieblichster Blüthe wandelst du einher,
Ihr Geist zu seyn, die deinen Namen trug
Auf diesen Wiesen — zwanzig Jahre sind's."

„Wißt Ihr es nicht? wir kamen heim," sprach Käthe,
„Kauften den Hof, den früher wir gepachtet.
Gleich' ich ihr so? sie sagten's auf dem Schiff.
Herr, kanntet meine Mutter Ihr in ihren
Englischen Tagen (wie's denn scheint!) — den Tagen,
Von denen sie am liebsten spricht, kommt mit mir!
Mein Bruder Jakob ist im Erntefeld:
Doch sie — o, sie wird froh seyn! — kommt herein!"

Henry Wadsworth Longfellow. *

Excelsior.

Die Nacht sank auf der Alpen Joch,
Da zog durch's Dorf ein Jüngling noch;
Der trug ein Banner in der Hand,
Auf dem der fremde Wahlspruch stand:
Excelsior!

Trüb seine Stirn; sein Aug' ein Schwert,
Das blitzend aus der Scheide fährt;
Wie klingend Erz melodisch tief
Der Stimme Ton, mit der er rief:
Excelsior!

* Das im Inhalt mit einem Sternchen bezeichnete Longfellow'sche Gedicht, so wie die so bezeichneten Gedichte der Mrs. Hemans hat meine Frau übersetzt. F.

Rings in den stillen Hütten glomm
Der Schein des Herdes, traut und fromm;
Gespenstisch reckten sich im Kreis
Die Gletscher — doch er seufzte leis:
Excelsior!

Der alte Dörfner sprach: „O laß!
Eng und gefährlich ist der Paß!
Schwarz droht der Sturm, der Gießbach schwoll!"
Als Antwort klang es, tief und voll:
Excelsior!

Das Mädchen sprach: „Bleib', müder Gast!
In meinen Armen halte Rast!"
Sein blaues Auge strahlte feucht;
Doch wieder sang er, ungebeugt:
Excelsior!

„Weich' aus der dürren Kiefer Fall!
Flieh' der Lawine zorn'gen Ball!"
Dieß war des Landmanns letztes Wort;
Hoch in den Bergen klang es fort:
Excelsior!

Frühmorgens, als zum Herrn um Kraft
Flehte Sanct Bernhard's Brüderschaft,
Da tönte, wie aus tiefer Gruft,
Ein Rufen durch die bange Luft:
Excelsior!

Und, spürend, unter'm Schnee zur Stund
Fand einen Wandersmann der Hund;
Noch hielt er in der eis'gen Hand
Das Banner, drauf der Wahlspruch stand:
Excelsior!

Dort, in des Zwielichts kaltem Wehn,
Dort lag er, leblos, aber schön;
Herab vom Himmel, klar und fern,
Fiel eine Stimme, wie ein Stern:
Excelsior!

Der Regentag.

Der Tag ist kalt und trüb und traurig;
Es regnet, und der Wind weht schaurig;
Noch hält sich die Reb' an der Mauer mit Noth,
Doch am Boden schon liegen die Blätter todt,
Und der Tag ist trüb und traurig.

Mein Leben ist kalt und trüb und traurig;
Es regnet, und der Wind weht schaurig;
Noch hält sich mein Geist an der Zeit, die geflohn,
Doch die Träume der Jugend, dicht fallen sie schon,
Und die Tage sind trüb und traurig.

Sei still mein Herz und laß dein Kümmern;
Durch Wolken sieh' die Sonne schimmern;
Nicht du allein kennst der Erde Qual,
Durch jedes Leben braust Sturm einmal:
Mancher Tag muß trüb sein und traurig!

Das Skelett in der Rüstung. *

„Rede, du finstrer Gast!
Unter des Panzers Last,
Ganz noch gewappnet fast,
Seh' ich dich bangend!
Ledig der Grabeszier,
Fleischlose Hände mir
Streckst du entgegen, schier
Gaben verlangend!"

Da, durch Visir und Schien',
Flammt' es wie Blitzessprühn
Oder wie Nordlichtglühn
Nachts auf den Klippen;
Und, wie die wüste See
Unter Decemberschnee,
Dröhnt' es mit dumpfem Weh
Her durch die Rippen:

* Ein alter Thurm zu Newport auf Rhode-Island, dessen Erbauung von dänischen und deutschen Forschern (Rafn und Schmeller. Vergl. Beilage zur Allgem. Zeitung vom 28. Juni 1843) den Skandinaviern des zwölften Jahrhunderts zugeschrieben wird, und ein vor wenigen Jahren in seiner Nähe, in der Stadt Fall-River, ausgegrabenes Skelett in vollständiger Rüstung gaben den Stoff zu diesem Gedichte.

„Ich war ein Wiking alt,
Kühn im Gefecht und kalt;
Doch keine Sage schallt,
Die es bezeuge.
Merk' dir des Todten Spruch!
Bring' ihn in Vers und Buch,
Daß nicht ein Todtenfluch
Machtvoll dich beuge!

„Fern in des Nordens Land,
Fern an des Beltes Strand,
Dort einst mit Knabenhand
Zähmt' ich den Falken;
Dort auch, bereiften Haars,
Sausend wie Flug des Aars,
Prüft' ich des Schlittschuhpaars
Stählerne Balken.

„Oft durch die eis'ge Flur
Folgt' ich des Bären Spur;
Rehbock und Hase fuhr
Auf, wie ein Schatten.
Ha, wie zum Forst ich stob,
Spät, wenn der Währwolf schnob,
Bis sich die Lerch' erhob
Ueber den Matten!

„Doch als ich älter ward,
Räubern der See geschaart,
Zog ich nach Wikingsart
Durch die Gewässer.
Ringsum der Meere Schreck,
Stand ich am Mastbaum keck,
Schwang ich auf blut'gem Deck
Ruchlos das Messer.

„Jubel und Trinkgelag
Kürzt' uns den Wintertag;
Oft schrie die Hähne wach
Nachts unser Zechen,
Wenn wir berserkerhaft
Schäumenden Gerstensaft,
Ledig des Eimers Haft,
Tranken in Bächen.

„Einst nach Matrosenbrauch
Seefahrt und Sturmeshauch
Pries ich, da traf ein Aug'
Heiß mich, doch milde;
Und wie der Sterne Licht
Süß in die Waldnacht bricht,
Hellte dieß Angesicht
Mein Herz, das wilde.

„Ungestüm warb ich dann;
Warte, wer warten kann!
Zitternd im schwarzen Tann
Schwur sie mir Treue.
Dastand sie, roth und bleich;
Unter des Mieders Zeuch
Flog es, dem Vöglein gleich,
Schreckt es der Weihe.

„Purpur und blank Metall
Schmückt' ihres Vaters Hall',
Harfner erhuben Schall
Laut ihm zu Ehren;
Bleich, wer im Saale stand,
Als ich Fürst Hildebrand
Antrat, der Tochter Hand
Kühn zu begehren.

„Trinkhorn am bärt'gen Mund,
Lacht' er, und wie den Sund
Abschäumt des Sturmes Mund,
Wild mit Frohlocken:
So, mit dem Eisensporn
Klirrend, voll Hohn und Zorn
Aus dem gewundnen Horn
Lacht' er die Flocken.

„Sie war ein Sproß vom Thron,
Ich nur ein Wikingssohn,
Und ob sie flehte schon,
„Nein!“ sprach der Ritter.
Doch folgt der Taube Flug
Oft auch der Möve Zug —
Warum verschloß man klug
Nachts nicht ihr Gitter?

„Kaum, ihrem Meerschloß fern,
Auf meines Schiffes Stern
Stand sie, ein lichter Stern
Meinen Begleitern —
Siehe, da kam zum Strand,
Winkend mit Schwert und Hand,
Zornig Fürst Hildebrand
Mit zwanzig Reitern.

„Nach dann, um uns zu fahn,
Setzt' er im offnen Kahn;
Wir indeß, weit voran,
Ließen ihn fegen.
Da, bei des Vorbergs Riff
Packte der Wind mein Schiff,
Trieb es mit grellem Pfiff
Breit ihm entgegen.

„Trotzig, voll Kampfbegier,
Wandten das Segel wir;
„Tod euch und kein Quartier!“
Riefen die Brüder.
Und unter Jubeln, dumpf
Knirschend, stieß Rumpf an Rumpf;
Ihr Boot mit Stiel und Stumpf
Bohrten wir nieder.

„Wie über'n Ocean,
Hastend auf schräger Bahn,
Hinfliegt der Cormoran,
Beutebeladen:
So, meinen Raub am Bord,
Dreist durch den wüsten Nord
Saust' ich in's Offne fort
Von den Gestaden.

„Westlich dann fuhren wir,
Fuhren drei Wochen schier,
Bis wir das Ufer hier
Winken sahn leewärts;
Drauf meiner jungen Braut
Hab' ich den Thurm gebaut,
Der noch zur Stunde schaut
Trotziglich seewärts.

„Dort, ein beglücktes Paar,
Lebten wir manches Jahr;
Bald wieder strahlte klar
Das Aug' der Reinen.
Dort wurde Mutter sie,
Starb dann mit Lächeln; — nie
Wird noch ein Weib, wie die,
Der Tag bescheinen!

„Starr da gerann mein Blut;
Hassend der Sonne Glut,
Hassend der Menschlein Brut,
Sann ich Verderben.
Hier, in der Rüstung schwer,
Rasselnd in voller Wehr,
Fiel ich auf meinen Speer —
Süß war das Sterben!

„Also, in trotz'ger Kraft,
Narbenvoll, unerschlafft,
Sprengt' ich der Kerkerhaft
Hemmende Wände!
Flog zu der Sterne Port,
Voll kreist die Schale dort;
Skål* dir, mein heim'scher Nord!"
— Das war das Ende.

* Skandinavischer Trinkspruch.

Der Belfried zu Brügge.

Auf dem großen Markt zu Brügge ragt der Belfried, alt und grau;
Dreimal Schutt, dreimal erstanden, überwacht er noch den Gau.
Hoch auf seiner Spitze lehnt' ich um die früh'ste Morgenzeit;
Von sich warf die Welt das Dunkel, wie ein düster Wittwenkleid.

Ringsum Dörfer, ringsum Städte! Stromdurchflossen, dampfumhüllt
Lag das weite Rund der Landschaft, wie ein bucklig Silberschild.
Mir zu Füßen träumte Brügge. Aus den Schlöten ab und an
Stieg der Rauch in weißen Kränzen, geisterhaft zerfließend dann.

Nicht ein Ton zu dieser Stunde hob vom Markt sich zinnenwärts,
Doch im Thurme hört' ich schlagen rasch und dumpf ein eisern Herz.
Am Gebälk aus ihrem Neste sang die Schwalbe wild und keck,
Und die Erde schien entlegner, als der Himmel, diesem Fleck.

Dann, zurück der Seele bringend alter Zeiten bunt Gewühl,
Fremd und feierlich und seltsam klang des Thurmes Glockenspiel;
Hell wie Nonnenstimmen klang es; und dazwischen mit Gegroll
Sang ihr Lied die große Glocke, wie ein Mönchsbaß tief und voll.

Da nun haben Schattenbilder ferner Tage mich umschwebt!
Frisch auf Erden schien zu wandeln, was nur noch in Büchern lebt!
Flanderns Förster sah ich kehren: Balduin, jenen Bras-de-Fer,
Lyderick du Bucq, und Crecy, Philipp, Guy de Dampierre!

Auf den Straßen welch Gepränge! Banner, Hellebard' und Spieß!
Schöne, stolze Damen schaut' ich, Ritter mit dem goldnen Vließ
Venetianer und Lombarden, Eigenthümer reicher Fracht,
Boten aller Nationen — mehr als königliche Pracht!

Max, den stolzen Oesterreicher, am Altare sah ich knien;
Sah mit Falken und mit Hunden aus zur Jagd Maria ziehn;
Sah den Brautsaal, drin ein Herzog bei der süßen Herrin schlief —
Zwischen ihr und ihm ein Degen, bis die Wache: „Morgen!“ rief.

Sah sodann die Zunft der Weber: — aus der Sporenschlacht gekehrt,
Schritt sie jauchzend mir vorüber, jeder Mann mit blut'gem Schwert;
Sah den Kampf bei Minnewater, sah der weißen Mützen Zug,
Sah, wie siegreich Artevelde heim den goldnen Drachen trug.*

Und auf's Neue ritt der Spanier Flanderns Ernten in den Grund;
Und auf's Neue quoll der Lärmschrei aus der Glocke ehr'nem Schlund.
Bis zu Gent die Riesenglocke Antwort anschlug über'n Sand:
„Ich bin Roland! ich bin Roland! Sieg im Lande! Sieg im Land!" **

Da durch jähe Trommelwirbel ward ich meinem Traum entrückt;
Auf zu mir hat ihr Getöse die erwachte Stadt geschickt.
Stunden flohen wie Minuten: — als ich auffuhr bei dem Ton,
Siehe, lag des Belfrieds Schatten auf dem sonnigen Platze schon!

* Er schmückte ursprünglich die Sophienkirche zu Constantinopel, kam während der Kreuzzüge nach Brügge und auf den Belfried, und wurde endlich durch Philipp van Artevelde auf den Glockenthurm seiner Vaterstadt Gent versetzt.

** Die (1666 umgegossene) Alarmglocke zu Gent führte die Inschrift; „Mynen naem is Roland; als ik klep, is er brand; en als ik luy, is er victorie in het land."

Nürnberg.

Wo herab in's Thal der Pegnitz Frankens blaue Berge schau'n,
Aufragt Nürenberg, das alte, aus den breiten Wiesenau'n.

Stadt des Handwerks und des Handels, wo zur Kunst das Lied geklungen,
Dohlen gleich um deine spitzen Giebel ziehn Erinnerungen.

Jener Zeit Erinnerungen, als die Kaiser, kühn und rauh,
Hof in deinem Schlosse hielten, in dem zeitverachtenden Bau.

Als in schlichtem Reim sich deine Bürger rühmten, daß die Hand
Ihrer Kaiserstadt sich strecke weithinaus durch alle Land.

In dem Burghof noch, mit manchem Reif von Eisen fest umbunden,
Steht und rauscht die mächt'ge Linde, einst gepflanzt von Kunigunden.

Auf den Marktplatz noch hernieder sieht das Bogenfenster schlank,
Dran der alte Melchior Pfinzing niederschrieb den Theuerdank.

Ueberall mit ihren Wundern tritt die Kunst mir hehr entgegen:
„Schöne Brunnen" reichsten Bildwerks stehn für Jeden an den
Wegen.

Heilige, aus Stein gehauen, ragen ob den Kirchenpforten;
Einer früh'ren Zeit Gesandte an die unsre stehn sie dorten.

In des heil'gen Sebald Kirche schläft im Grab der theure Mann,
Und in Erz die zwölf Apostel halten treulich Wache dran.

Aber in Sankt Lorenz, wie aus schäumenden Quellen eine Garbe,
Steigt das prächt'ge Tabernakel in die Luft voll Glanz und Farbe.

Hier, als Kunst noch Religion war, schlichten Herzens, ohne List
Lebt' und schaffte Albrecht Dürer, deutscher Kunst Evangelist.

Und von hier in Gram und Schweigen, nimmer feiernd seine
Hand,
Zog er aus gleichwie ein Wandrer, suchend jenes bess're Land.

„Emigravit" ist die Inschrift auf dem Steine seines Mals;
Todt nicht — er ist nur geschieden! — denn der Künstler stirbt
niemals!

Heller, scheint es, strahlt die Sonne, lichter sieht die alte Stadt,
Weil er einstens hier gewandelt, einstens hier geathmet hat.

Diese Straßen breit und stattlich, diese Gäßchen trüb und enge
Füllten einst die Meistersänger mit den Tönen ihrer Sänge.

Aus entlegner, dunkler Vorstadt zogen sie zum Gildesaal,
Nester bau'nd im Haus des Ruhmes, wie die Schwalb' am Schloßportal.

Wie der Weber warf sein Schiffchen, wob er still auch seine Weisen,
Und zum Amboßschall gehämmert hat der Schmied sein Lied von Eisen;

Preisend Gott, der auf zum Lichte läßt der Dichtung Blume streben
Aus der Schmiede Staub und Aschen, aus des Webestuhls Geweben.

Aufschau'nd zu den alten Meistern, zu den Zwölf, den weitgenannten,
Lachte Sachs, der Schuster-Dichter, hier in großen Folianten.

Doch sein Haus ist jetzt ein Bierhaus; blanker Sand der Dielen Zier;
Einen Kranz im Fenster trägt es, und sein Antlitz ob der Thür.

Ein bescheiden, kunstlos Bildniß: ganz und gar der „Altmann blaß,"
Der in Puschmann's Lied als Taube weiß am grünen Tische saß.

Und am Abend tritt der rußige Mann des Handwerks in die Schenke,
Daß er, in des Meisters Lehnstuhl, Gram und Sorgenlast ertränke.

All' der alte Glanz geschwunden! vor mein träumend Auge treten,
Wirr sich mischend, jene Bilder, gleich verblichenen Tapeten.

Wer denn schuf dir einen Namen? wer ein Lob, das nie vergeht?
Deine Räthe? deine Kaiser? — nein, dein Maler, dein Poet!

Also, Nürnberg, gab ein Wandrer aus Gebieten weit entlegen,
Wie er schritt durch deine Gassen, fromm dir seinen Liedersegen:

Pflückend aus des Pflasters Rissen, als ein hier erwachsen Reis,
Des Gewerbes alten Stammbaum — deinen Adel, Bürgerfleiß!

An ein altes dänisches Liederbuch.

Gruß dir, alter Freund,
Gruß an einem fremden Herde,
Während Stürme meine Fenster
Jäh erschüttern!

Rauh, scheint's, hat die Welt,
Rauh und selbstisch dich behandelt,
Seit zuerst in deiner Heimath
Wir uns trafen.

Altersspuren trägt,
Daumenspuren trägt dein Titel,
Wohl von Händen, die im Bierhaus
Barsch dich faßten.

Schmutzig siehst du aus;
Gelb sind deine mürben Blätter,
Wie das falbe, sturmzerschlagne
Laub im Herbste.

Wein hat dich befleckt,
Froh verspritzt aus frohen Bechern;
Rothen Stromes überfloß er
Deine Seiten.

Doch rufst du zurück
Halb vergessne, ferne Tage,
Als ich träumerisch, ein Jüngling,
Schritt am Belte;

Als ich stille stand,
König Christians Lied zu horchen,
Hergeweht aus Vorstadt-Schenken
Durch die Dämm'rung.

Doch rufst du zurück
Sänger, die in öden Kammern,
Einsam mit versehrten Herzen
Wild dich schrieben;

Traute Häuser auch,
Drin mir deine weichern Lieder
Aus des Nordens dunkelm Winter
Sommer schufen.

Alte Skalden einst,
Hoch in ihrem rauhen Island,
Sangen diese zorn'gen Reime
Den Wikingern.

Einst in Helsingör,
An des alten Hamlet Hofe,
Jauchzte Yorick mit den Freunden
Diese Stückchen.

Und Prinz Friedrichs Heer
Sang sie vor den Strandbaracken —
Plötzlich mischten in den Chor sich
Englands Bomben.

Bauern im Gefild,
Segler auf der wüsten Ostsee,
Schüler, bleiche Handwerksleute —
Jeder sang sie.

Allen einst ein Freund,
Haben Alle dich verlassen!
Doch getrost: Ein Herd noch heißt dich
Froh willkommen!

Und wie Schwalben baun
Hier im weiten, alten Schlote,
So im Herzen soll mir nisten
Dein Gezwitscher —

Ruhig, dicht und warm,
Jeder Störung überhoben,
Und zurück der Seele rufend
Fahrt und Jugend.

Warnung.*

Laßt euch gewarnt sein! — Der den Leu'n erschlug,
Der vor sich hertrieb der Philister Schaar,
Der Gaza's Thor auf breiten Schultern trug —
Er, als er blind nun und geschoren war,
Als man ihn holte nun von seiner Mühle,
Daß er, Ziel ihres Hohns, vor seinen Quälern spiele: —

Er packte wild und riß zu Boden dann
Des Tempels Säulen: — nieder mit Getös
Stürzte das Dach! So strafte dieser Mann
Die Schöpfer seines augenlosen Weh's!
Der arme Sklav, den sie verlachten Alle,
Zermalmte Tausende in seinem eignen Falle!

Ein blinder Simson auch in diesem Land,
Machtlos, geschoren, geht in Kett' und Strick.
O, hütet euch — daß nicht auch seine Hand
Umreißt die Säulen dieser Republik,
Bis unsrer Freiheit Tempel, hehr gefügt,
Ein Trümmerlabyrinth formlos am Boden liegt!

* Aus einer Reihe von Gedichten gegen die Sklaverei.

Thomas Moore.

An Lord Byron. *

Nach Lesung seiner Stanzen auf dem Silberfuße eines als Becher gefaßten Schädels.

Warum mit Silber faßtest du ihn ein,
Einst einer Seele bunt belebten Saal?
Betracht' ihn jetzt! Ein bleich und morsch Gebein —
Du Fiebrer, sprich, ist dieß dein Festpokal?

Ist dieß der Kelch, der dir den Balsam beut,
Den jeder lichtre neidisch dir versagt?
Ist dieß die Schale der Vergessenheit,
Den Wurm ertödtend, der ohn' Ende nagt?

Der Lippe Weh', die dieser Becher kühlt,
Der alles Andre matt ist und vergällt,
Die aus dem Grabe den Pokal sich stiehlt,
Den tiefer Züge einzig werth sie hält!

Entkleid' ihn seiner Zierden denn; — zurück
Gib ihn der Gruft, die weiland ihn umschloß;
Und in dem Kelche suche Fried' und Glück,
Dem sel'gen Kelch, der nie vergebens floß!

* Sollte schon in Band III., S. 338, hinter Moore's Gedicht: „Auf eine schöne Ostindierin" abgedruckt werden, wurde jedoch dort durch ein Versehen des Setzers ausgelassen.

Volkslieder.

Schottisch. Irisch. Nordamerikanisch.

Schottische Balladen und Lieder.

(Walter Scott: Minstrelsy of the Scottish Border.)

Barthram's Grablied.

Sie schossen ihn todt am Neunsteinberg,
Wo das Kreuz steht neben der Brück',
Und sie ließen ihn liegen in seinem Blut,
Mit der Kugel im Genick.

Sie machten von Zweigen eine Bahr',
Von der grauen Esp' am Hag;
Und sie trugen ihn still zur Frauenkapell',
Und sie wachten den ganzen Tag.

Eine Dame kam zur Frauenkapell',
Sie zerriß ihr prächtig Kleid,
Sie zerriß ihr lieb lang gelbes Haar,
Und kniet' an Barthram's Seit'.

Sie wusch ihn in der Jungfrau Quell,
Seine Wunden wusch sie klar;
Und sie flocht einen Kranz für seine Brust,
Einen Kranz auch für sein Haar.

Sie thaten ihn in ein schneeweiß Tuch,
Und sie trugen ihn zur Stell',
Und die grauen Mönche sangen die Meß,
Als sie ließen die Kapell'.

Sie begruben ihn um Mitternacht,
Als der Thau fiel still und kalt,
Als der Espe Blatt zu zittern vergaß,
Und der Nebel zog geballt.

Sie gruben sein Grab einen Fuß nur tief,
Wo die Quelle plätschert laut,
Und sie deckten ihn zu mit Haideblüth',
Mit Moos und Farrenkraut.

Ein grauer Bruder stand am Grab
Mit Flehn und mit Gebet,
Und ein Mönch wird singen für Barthram's Seel',
So lange das Steinkreuz steht.

O sag' mir, wie dich frein.

Steht meiner Dame Kühnheit an,
Gleich schwing' ich mich auf's Pferd,
Und stark und fest im Sattel sei,
Wer ihres Danks begehrt.
Deine Farben trag' ich auf dem Hut,
Dein Bild im Herzen treu,
Und wer sich deinem Aug' nicht neigt,
Dem bringt es Leid und Reu'.
Drum sag' mir, wie dich frein, o Lieb;
O sag' mir, wie dich frein!
Und ob um dich die Andern mich
Verschmähn, ich will's nicht scheun!

In Sammt und Seide will ich gehn,
Ergötzt dich bunte Pracht,
Bei Tag will ich dein Knappe sein,
Dein Wächter bei der Nacht!
Gewinnt dich süßer Töne Schall,
Versuch's, und höre mich!

Deine eigne Stimme raub' ich dir,
Zu frein mit ihr um dich!
  Drum sag' mir, wie dich frein, o Lieb!
  O sag' mir, wie dich frein!
  Und ob um dich die Andern mich
  Verschmähn, ich will's nicht scheun!

Doch wenn die Liebe dich gewinnt:
Nie brach ich meinen Schwur,
Keiner Andern gab ich Wort und Pfand,
Dich lieb' ich einzig nur!
Für dich allein reit' ich den Ring,
Trage Blau für dich allein;
Uebe Lied und Schwert auf deinen Wink,
O sag' mir, wie dich frein!
  Ja, sag' mir, wie dich frein, o Lieb!
  O sag' mir, wie dich frein!
  Und ob um dich die Andern mich
  Verschmähn, ich will's nicht scheun!

Lord Randal.

„O, wo bist du gewesen, Lord Randal, mein Sohn?
O, wo bist du gewesen, mein schmucker Gesell?“ —
„„Aus war ich im Walde; Mutter, mach' mein Bett bald,
Müd' bin ich vom Jagen, und legte mich gern!““ —

„Wo fandest dein Mahl du, Lord Randal, mein Sohn?
Wo fandest dein Mahl du, mein schmucker Gesell?“ —
„„Drauß', fern bei der Liebsten; Mutter, mach' mein Bett bald,
Müd' bin ich vom Jagen, und legte mich gern!““ —

„Und was war dein Mahl denn, Lord Randal, mein Sohn?
Und was war dein Mahl denn, mein schmucker Gesell?“ —
„„Aal aß ich in Brühe; Mutter, mach' mein Bett bald,
Müd' bin ich vom Jagen, und legte mich gern!““ —

„Wo sind deine Hunde, Lord Randal, mein Sohn?
Wo sind deine Hunde, mein schmucker Gesell?“ —
„„O, sie schwollen und starben; Mutter, mach' mein Bett bald,
Müd' bin ich vom Jagen, und legte mich gern!““ —

„O, mir schwant, daß du Gift hast, Lord Randal, mein Sohn!
O, mir schwant, daß du Gift hast, mein schmucker Gesell!“ —
„„Ja, ich fühl’ es! O Gott! Mutter, mach’ mein Bett bald,
Krank bin ich am Herzen, und legte mich gern!““ —

Das Weib von Usher's Born.

Da lebt' ein Weib an Usher's Born,
Die hatte Gold und Ehr',
Dazu drei Söhne, stark und kühn,
Die schickte sie auf's Meer.

Sie waren keine Woche fort,
Eine Woche mocht' es sein,
Als Nachricht kam der alten Frau,
Sie fuhren seewärts ein.

Sie waren keine Woche fort,
Drei Wochen mochten es sein,
Als Nachricht kam der alten Frau,
Die See wäscht ihr Gebein.

„So höre nie der Seewind auf,
So schäume stets die Fluth,
Bis heimgekehrt meine Söhne sind
In ird'schem Fleisch und Blut!" —

Es war um die Martinizeit,
Wenn die Nächte trüb und lang,
Da kehrten die drei Söhne heim,
Bekränzt mit Birke schwank.

Sie wuchs an Bach und Graben nicht,
Sie wuchs auf keinem Bruch,
Doch an des Paradieses Thor,
Da wuchs sie schön genug.

„Blast an das Feu'r, ihr Mädchen!
Bringt Wasser von der Brück'!
Mein Haus soll froh sein diese Nacht,
Meine Söhne sind zurück!" —

Sie macht' ein Bett den Dreien,
Sie macht' es groß und weit;
Sie hüllt' in ihren Mantel sich,
Saß an des Bettes Seit'.

Auf dann schrie der rothe rothe Hahn,
Und auf der graue schreit;
Der Aelteste zum Jüngsten sprach:
„Nun ist es an der Zeit!" —

Der Hahn schlug mit den Flügeln,
Nur einmal scholl sein Krähn,
Zum Aeltesten der Jüngste sprach:
„Brüder, wir müssen gehn!

„Es kräht der Hahn, der Tag bricht an,
Der Wurm im Sarge schmält,
Und schwere Pein erleiden muß,
Wer früh im Sarge fehlt.

„Leb' wohl, herzliebe Mutter mein!
Lebt wohl auch, Stall und Scheu'r!
Und du, leb' wohl, du süße Maid,
Die schürt der Mutter Feu'r!" —

Klage der Grenzerwittwe.

Mein Liebster baut' eine Laube mir,
Rundum bepflanzt mit Lilien schier;
Eine schön're habt ihr nie geschaut,
Als die mein Liebster mir gebaut.

Um Mittag war's, da kam ein Mann,
Späht' aus sein Wild, und ging sodann;
Führt' her den König drauf zu Nacht,
Der meinen Ritter umgebracht.

Er bracht' ihn um, ich sah sein Blut;
Er bracht' ihn um, und nahm sein Gut;
Meine Diener flohn, mein Herr war todt,
Ich blieb allein in meiner Noth.

Ich flocht mein Haar, und hüllt' ihn ein;
Hielt Leichenwacht, ich selbst allein;
Hielt Leichenwacht, o Wacht voll Gram;
Keine Seel' war, die des Weges kam.

Ich nahm seine Leich', und trug sie fort;
Zuschritt ich hier, ausruht' ich dort;
Ich grub ein Grab, drin legt' ich ihn,
Und deckt' ihn zu mit Rasen grün.

O, denkt ihr nicht, mein Herz war voll,
Als auf sein Haar ich warf die Scholl';
O, denkt ihr nicht, mein Herz war schwer,
Als ich mich wandte, fortzugehn?

Nun lieb' ich Keinen mehr fortan,
Seit todt mein süßer Rittersmann;
Mit Einer Lock' von seinem Haar
Bind' ich mein Herz für immerdar.

Volksballade von den Shetland-Inseln.

Der große Seehund von Sule Skerrie.

„Proceedings of the Society of Antiquaries of Scotland," Vol. I. Part 1.

Eine irdische Amme sitzt und singt,
Und immer singt sie: „Kind, schlaf ein!
Wenig kenn' ich deinen Vater, Kind;
Viel wen'ger das Land, da er schreitet drein!"

Aufstand da Wer an des Bettes Fuß,
Und ein Gast war der, ein grämlicher, traun!
„Hier bin ich, Vater zu deinem Kind,
Ob auch nicht lieblich anzuschaun!

„Ich bin ein Mann wohl auf dem Land,
Und ich bin ein Seehund in der See;
Und wenn ich fern bin, und fern vom Land:
In Sule Skerrie, da wohnt' ich von je!"

„Es war nicht wohl,“ sprach das Mädchen schön,
„Es war nicht wohl, in der That,“ sprach sie,
„Daß zu mir kam und ein Kind mir gestand
Der große Seehund von Sule Skerrie!“

Nun hat er gelangt einen Beutel Gold,
Und er hat ihn auf ihr Knie gestellt,
Sprechend: „Gib mir meinen kleinjungen Sohn,
Und nimm dir auf dein Ammengeld!

„Und es wird geschehn einen Sommerstag,
Wenn die Sonne scheint heiß auf jeglichen Stein,
Daß ich nehmen will meinen kleinjungen Sohn,
Und ihn schwimmen lehren in's Meer hinein!

„Und du wirst frein einen Schützen stolz,
Und ein stolzer Schütz wird er sein, weiß ich;
Und den ersten Schuß, den immer er schießt,
Schießt er todt meinen kleinjungen Sohn und mich!“

Irisches Volkslied.

Eileen-a-Roon.

Stets will ich lieben dich,
  Eileen-a-Roon!
Segnen dich ewiglich,
  Eileen-a-Roon!
O für dich eilt' ich gern
Irland durch, nah und fern,
Hoffnung mein Licht, mein Stern,
  Eileen-a-Roon!

O wie gewinn' ich dich,
  Eileen-a-Roon?
Sag', o wie minn' ich dich,
  Eileen-a-Roon?
Gern ohne Rast und Ruh'
Zög' ich der Ferne zu,
Würdest mein Hausweib du,
  Eileen-a-Roon!

Drum, willst du ziehn mit mir,
  Eileen-a-Roon?
Sag', oder bleibst du hier,
  Eileen-a-Roon? —
Nein, ich bin dein, bin dein!
Ziehe mit dir allein!
Einzig dein Lieb soll sein
  Eileen-a-Roon! —

Heil hunderttausendmal,
  Eileen-a-Roon! —
Heil dir ohn' Maß und Zahl,
  Eileen-a-Roon!
Heil und Willkommen froh,
Jetzt und für immer so,
Bis Lieb' und Leben floh,
  Eileen-a-Roon! [1]

1 **Eileen-a-Roon** — eine der liebkosenden Benennungen, deren es in der irischen Sprache so unendlich viele gibt. Eileen ist das englische Ellen (Helene).

Nordamerikanisch.

Lied der alten Tschaktas.

Ich erschlug den Häuptling der Muskoki,
Ich verbrannte sein Weib am Waldbaum glüh;
Bei den Beinen hing ich auf seinen Hund;
Ist ihm das Wedeln vergangen zur Stund'.
Huh! huh! huh! der Muskoki!
Wah! wah! wah! der Waldbaum glüh!

Bis auf's Bein seinen Schädel skalpirt' ich dann,
Und hier ist sein Skalp mit den Haaren dran!
Seine Knochen sind in des Panthers Gebiß,
Sein zuckendes Fleisch der Wolf zerriß!
Huh! huh! huh! der Muskoki!
Wah! wah! wah! der Waldbaum glüh!

Ein Feuerbrand vom Waldbaum glüh
Steckt' in Brand die Hütte des Muskoki!
Seine Sehnen sind meine Bogenschnur,
Die saust nun frisch auf der Feinde Spur!
Huh' huh! huh! der Muskoki!
Wah! wah! wah! der Waldbaum glüh!

Aus dem Italienischen.

Alessandro Manzoni.

Chor aus der Tragödie: Der Graf von Carmagnola.

(Act II. Scene 6.)

Horch, zur Rechten ein Klang von Trompeten!
Antwort gibt ihm ein Schmettern zur Linken!
Dumpf, von Rossen und Fußvolk zertreten,
Dröhnt auf jeglicher Seite das Feld!
Siehst du flatternd das Banner dort blinken?
Siehst du dies hier die Fordrung erwidern?
Sieh', ein Heer in geschlossenen Gliedern
Naht! sieh', wie sich ein andres ihm stellt!

Sieh', der Raum, der sie schied, ist verschwunden!
Schon begegnet der Degen dem Degen;
Jeder sucht eine Brust; — aus den Wunden
Rinnt das Blut; mit dem Blut wächst die Wuth.
Sprich, wer sind sie? Zog dieser entgegen
Fernher dem, daß sein Land er verheere?
Ist's nicht jener, der flammend: „Ich schwöre!"
Rief, und: „Heimath, dir opfr' ich mein Blut!" —

Brüder nennt sie der Fremdling; sie reden
E i n e Sprache; sie säugte die gleiche
Mutter; — siehst im Gesicht eines jeden
Nicht das Mal der Verwandtschaft du glühn?
All' gebar sie dies herrliche, reiche
Land, das, jetzo mit Blute begossen,
Allen übrigen Ländern verschlossen,
Rings das Meer und die Alpen umziehn.

O, wer zuckte zuerst das verruchte
Schwert, den leiblichen Bruder zu fällen?
Des fluchwürdigen Streites verfluchte
Ursach', kennst du sie? nenne sie mir! —
Weh', sie kennen sie selbst nicht! sie stellen
Ohne Zorn sich, zu tödten, zu sterben;
Feil, ließ jeder mit Gelde sich werben,
Kämpft, — und fragt nicht warum und wofür.

Wehe, Weh' den Verblendeten! — Haben
Sie nicht ängstliche Mütter? was fliegen
Nicht die Weiber herbei mit den Knaben,
Sie zu ziehn aus der ruhmlosen Schlacht?
Und die Greise, die ernst und gediegen
Reden können, was sind die Cohorten,
Die entflammten, mit kräftigen Worten
Sie nicht weise zu trennen bedacht?

Wie zuweilen der rastende Schnitter
Auf des Hüttenthors friedlicher Schwelle
Sieht, wie donnernd ein fernes Gewitter
Ein Gefild, das nicht sein ist, verheert:
So wird, wer sie auf sicherer Stelle
Kämpfen sieht, dir gelassen mit kühlen
Worten sagen, wie Tausende fielen,
Wie man Städte verbrannt und zerstört.

Sieh', dort spricht eine Mutter zum Sohne;
Vor ihr sitzt er mit flammenden Wangen,
Denn sie lehrt ihn, zu nennen mit Hohne
Jene, die er einst schlägt auf das Haupt.
Siehst die Bräute der Sieger du prangen
In Geschmeiden, in Gürteln und Ketten,
Die das Heer in eroberten Städten
Den verlassenen Mädchen geraubt?

Wehe, Wehe! bedeckt das Gefilde
Mit erschlagenen Kriegern! die Fläche
Wird zum blutigen Meere! der wilde
Ruf der Streiter verdoppelt die Wuth.
Ha! schon lösen die Glieder sich! — Schwäche
Lähmt den Schritt der ermatteten Züge!
Jedem wieder, verzweifelnd am Siege,
Scheint das Leben das köstlichste Gut.

Wie Getreide, geschleudert aus voller
Schaufel, weit durch die Luft sich verbreitet,
So zerstreu'n die Geschlag'nen in toller
Flucht sich weit durch das rauchende Feld.
Sieh', ein Schwarm von Verfolgenden reitet
Ihnen nach; — an den ehernen Hauben
Der verwundeten Flüchtlinge schnauben
Schon die Rosse; schon sind sie umstellt.

Zu den Füßen der feindlichen Krieger
Stürzt, wegwerfend das Schwert, die bedrohte
Schaar; — erstickt von dem Jubel der Sieger,
Hört der Sterbenden Winseln man nicht.
In den Sattel wirft schnell sich ein Bote,
Nimmt ein Blatt, es der Ferne zu bringen,
Spornt, sprengt fort; seht den Weg ihn verschlingen!
Durch die Städte schallt dumpf das Gerücht.

Warum eilt ihr hinaus aller Orten
Auf den Heerweg aus Häusern und Hütten?
Warum fragt ihr mit hastigen Worten,
Was für fröhliche Botschaft er bringt?
Ha, ihr wißt es, von wo er geritten
Kommt, und Fröhliches soll er euch sagen?
Brüder wurden von Brüdern erschlagen!
Das die Kunde! Nun jauchzet und singt!

Ringsum festliche Töne! Die Kerzen
Glühn im Tempel! vernimmst du die Lieder?
Auf zum Himmel aus mördrischen Herzen
Steigt, ein Gräuel ihm, frevelnder Dank. —
Von den Zinnen der Alpen hernieder
Blickt der Fremdling, begierig nach Raube:
Lächelnd sieht er die Starken im Staube
Liegen; jeglichen zählt er, der sank.

Eilt euch! Tretet zurück in die Glieder!
Haltet ein mit Triumphen und Festen!
Schaart um eure Standarten euch wieder!
Vom Gebirg steigt der Fremdlinge Macht.
Sieger, mißt ihr die Kühnsten und Besten? —
Drum jetzt naht euch der Feind von den Höhen! —
Lüstern seht auf den Fluren ihn stehen,
Wo ihr Brüder erwürgt in der Schlacht!

Du, das eng deinen Söhnen geschienen,
Das im Frieden sie nicht zu ernähren
Weiß — die Zeit des Gerichts ist erschienen!
Fremde nahn dir, unseliges Land!
Deinen Tischen und deinen Altären
Naht der Räuber, theilt unter die Seinen
Aus die Beute der Thoren, schlägt deinen
Kön'gen höhnend das Schwert aus der Hand.

Er ein Thor auch! kein Volk noch beglückten
Blut und Plünd'rung! der Fluch fällt entsetzlich
Auf den mächtigen, lorbeergeschmückten
Sieger von dem Besiegten zurück!
Wohl ergreift den Bethörten nicht plötzlich
Eh'rnen Armes die ewige Rache,
Doch sie wartet, sie folgt, sie hält Wache,
Sie tritt ernst vor des Sterbenden Blick.

Eines Glaubens, geschaffen zum Bilde
Eines Einz'gen — zu jeglicher Stunde
Eures Lebens, auf jedem Gefilde,
Wo auch immer: vereinigt euch! liebt
Euch als Brüder! die Hand reicht zum Bunde!
Fluch dem, der ihn verletzt, dem Meineid'gen!
Der den Weinenden wagt zu beleid'gen,
Der unsterbliche Geister betrübt!

Aus dem Französischen.

Alfons de Lamartine.

Der Genius in der Verborgenheit.

An Jean Reboul.

Der Odem, dessen Wehn ertönen läßt die Seele,
Und zu Gesängen sie entflammt,
Verschmäht die stolze Pracht der Schlösser und der Säle:
Daß Purpur er und Gold zu seiner Wohnung wähle,
Bedarf Er's, der vom Himmel stammt?

Den Hirten, der auf's Feld hinaustreibt seine Heerde,
Beschattet mit den Flügeln er;
Senkt auf das Strohdach sich der Armen dieser Erde;
Auf schlechtem Wiegenpfühl, mit lächelnder Geberde,
Schirmt er ein herrliches Myster.

Es ist das Kind Homer, das unter wollnem Tuche
Die Sklavin trägt durch das Gewühl;
Es ist ein junger Hirt, der unter'm Dach der Buche
Hervortritt, daß er scheu verirrte Ziegen suche,
Und der nach Jahren heißt Virgil.

Der Knabe Moses ist's, den Nileswogen schützen,
Und den die Königstochter liebt;
Den unter Tausenden heimsucht des Sina Blitzen;
Indeß er Marmor hackt und in des Ofens Hitzen
Die ungebrannten Ziegel schiebt.

Noch immer that sich auf die Pforte dieses Schreines;
So reifen zur Unsterblichkeit
Die Perl' im Meeresschooß, das Gold im Ritz des Steines,
Der Diamant im Schacht, dem Hüter seines Scheines,
Der Ruhm in der Verborgenheit!

Ein Phönix ist der Ruhm, ein aus sich selbst Geborner,
Der alle hundert Jahre nur
Sich niederläßt auf's Haupt Geliebter und Erkorner,
Mit seinen Zeichen stirbt — ein ewig dann Verlorner,
Deß Wiege Keiner noch erfuhr!

So wundre dich denn nicht, daß sich ein Sohn des Lichtes
Dein Dunkel nahm zur Ruhestatt:
Erinnre Jakobs dich und seines Nachtgesichtes!
Das Träumen des Genie's, gern eine Stirn umflicht es,
Die Steine nur zum Kissen hat!

Ich selber, reich bedacht mit Dem, was Vieler Streben,
Wie gerne dieses goldne Joch,
Mir auferlegt vom Glück, wie gerne wollt' ich's geben
Für eine Stunde nur der Zeit, wo meine Reben
Und Feigen all' mein Reichthum noch;

Für jener Träume Lust, die mir im Herzen sangen,
Und die kein Gold mir neu beschert,
Die sich in's Purpurmeer der Abendsonne schwangen,
Indeß mein Mütterchen mit glutbestrahlten Wangen
Umwandelte den engen Herd;

Indeß auf ihren Wink zum büchnen Tisch wir traten,
Den ihre Liebe treu gedeckt,
Für unser ländlich Mahl den Herrn um Segen baten: —
Einfache Früchte nur, wie heuer sie gerathen,
Und Brod, wie es der Landmann bäckt.

Die Friedensmarseillaise.

An Nicolaus Becker.

O rolle stolz und frei, zieh' deines Wegs gelassen,
Du Nil des Occidents, Nationenbecher Rhein,
Und schwemme mit dir fort den Ehrgeiz und das Hassen
Der Völker, die geschaart sich deiner Woge freun!

Nie von dem rothen Blut des Franken sei dein Rücken,
Nie von dem blauen auch des Deutschen mehr befleckt!
Nie biege mehr Geschütz die Joche deiner Brücken,
Die, Händen gleich, ein Volk aus nach dem andern streckt!
Nie senke zischend mehr der Schlachten Regenbogen,
Die glüh'nde Bombe, sich auf deine Rebenhöhn!
Nie mög' ein zitternd Kind im Schaume deiner Wogen
Blutrünst'ge Rosse mehr, von blut'ger Mähn' umflogen,
Mit deinen Wirbeln ringen sehn!

O rolle klar und frei, und spiegle deinem Volke
Die Burgen, die dein Wehn mit Epheu grün umflicht;
Sie dräun auf ihrem Fels, wie eine letzte Wolke
Mit ihrem Zorn bedräut ein ruhig Angesicht.

Das Fahrzeug, das der Dampf durchpulst wie eine Seele,
Anathmen soll es dich mit seinem Feuerhauch;
Es soll dir Grüße sprühn, und aus entbrannter Kehle
Zu deiner Berge Stirn aufzüngeln soll sein Rauch!
Es trägt lebend'ge Fracht, ein Lied von hundert Lippen
Schallt nieder vom Verdeck, die Pilger stehn geschaart;
Stromaufwärts treibt es sie nach deines Ursprungs Klippen;
Es sehnt ihr Auge sich, zu schaun die Felsenrippen,
Wo du entströmst zu freud'ger Fahrt!

Roll' hin, frei und beglückt! Der Gott, der deine Wellen
Hoch im Gebirge schlug aus Gletscher und Gestein,
Ließ deinen Tropfen nicht zum mächt'gen Strome schwellen,
Daß er entzweie — nein, daß er verbinde, Rhein!

Warum uns streiten denn um Hügel und um Flächen?
Leicht ist ja unser Zelt, ein Windstoß reißt es fort;
Gefüllt noch ist der Tisch, an dem das Brot wir brechen,
Abrufen uns vom Mahl kann nur des Todes Wort.
Noch sieht die Furche man die Pflugschaar gern belehnen;
Vom Anschaun wird das Glühn der Sonne nicht geschwächt;
Noch steht die Flur geschmückt mit Laub- und Aehrenkronen;
Fehlt denn das Leichentuch der Erde Nationen
Für das begrabene Geschlecht?

Roll' hin, frei und in Pracht, umgraut von deinen Trümmern,
Du Strom, an dem Armin entblößten Schwertes stand!
Du Strom, den Cäsar trank, umringt von seinen Schwimmern,
Und den nicht ausgeschöpft des großen Karol Hand!

Und warum hassen uns? Warum ein Band gezogen,
Das Gott ein Gräuel ist, weil es die Stämme trennt?
O hebt den Blick empor! schaut auf zum Himmelsbogen,
Ob eine Grenze wohl sein blau Gewölbe kennt!
Nationen! (stolzes Wort für eine schlechte Sache!)
Ist euch die Liebe nur im eignen Hause Pflicht?
Zerreißt die Fahnen doch! was soll am Strom die Wache?
Wer hat ein Vaterland? Die Selbstsucht nur die Rache!
Die Bruderliebe wahrlich nicht!

Roll' hin — frei, königlich! Ein Stromfürst, reich an Gnade!
Und wenn du segnend ziehst durch deine Rebengaun,
O Rhein, so frage nicht die Wandrer am Gestade,
Ob sie nach Morgen spähn, ob sie nach Abend schaun!

Nicht wird nach Graden mehr bestimmt der Menschheit Erbe!
Kein Fluß mehr gränzt es ab, kein Meer, kein Himmelsstrich!
Kein Markstein, als der Geist! — Wie man die Karten färbe,
Im Drang nach Licht erhebt die Welt zur Einheit sich!
Ich fühle mich zu Haus, wo Frankreichs Strahlen brennen,
Wo seiner Sprache Schall mir tönt als Heimathpfand!

Das beste Bürgerrecht der Geist und das Erkennen!
Wer denkt — weß Volkes auch! — ich will ihn Landsmann nennen!
Die Wahrheit ist mein Vaterland!

Roll' hin — frei durch ein Land der Freien und der Starken!
Du tränktest ihren Geist, du tränktest ihren Stahl!
O, mög' ihr alter Zorn in deines Bettes Marken
Wie Gletschereis zergehn an des Jahrhunderts Strahl!

Den edlen Söhnen Heil Deutschlands, des ernsten, treuen!
Kalt zwar ist ihre Stirn, doch in den Schädeln brennt's!
Den Rittern, die um Karl als Könige sich reihen!
Nestoren sind sie gleich im Rath des Occidents!
Gedankentief ihr Wort! Von Kraft erfüllt und Schöne,
Rauscht es in falt'ger Pracht, wie einer Fürstin Kleid;
Ihr festes Herz ist gleich dem Brunnen der Sirene:
Was man hinein auch wirft — Haß, Liebe, Kuß und Thräne,
Er hält es fest auf alle Zeit!

O rolle frei und treu um Bogen und um Strebe!
Still, wie ein harmlos Kind, und ungebändigt doch!
Laß grünen am Gestad der Fürsten Herrscherstäbe —
Ein Joch, das man gewählt, ist immer Freiheit noch!

Und auch den Schwärmen Heil aus Frankreichs Bienenstocke!
Es sandte sie der Herr als seine Boten aus!
Die Hoffnung weht als Kranz um ihres Hauptes Locke;
Sie sä'n, doch nimmer ziehn als Aernter sie nach Haus.
Der Boden, den sie baun — frei darf er Früchte spenden!
Rasch wallt ihr feurig Blut, und ihre Stirne loht!
Ein Bogen ist ihr Herz, von dem mit kräft'gen Händen
Die Pfeile der Idee aus in die Welt sie senden;
Und wenn nicht die Idee: — den Tod!

Roll' hin — laß Beide sich erfreuen deiner Welle!
Erinn're dich für sie der Hand, die dich gesandt!
Den Bergstier und den Aar letzt segnend deine Quelle —
O, mag die Völker auch vereinigen dein Strand!

Meerüber, Freunde, schaut, daß euch der Osten mahne!
Verödet dehnt er sich — unübersehbar weit!
Umsonst ermüdet dort der Raum die Karavane,
In ihren Träumen dort schläft aus die Einsamkeit.
Versiegte Völker dort: — leer ihre Leinwandhäuser!
Ein staubig Königreich in jeder Wagenspur!
Die Pyramide dort, indeß der Schakal heiser
In ihrem Schatten bellt, schmückt als ein goldner Weiser
Der Wüste nackte Sonnenuhr.

Roll' hin — bis in's Gebraus der Euphratmündung rolle!
Flicht schäumend dich in's Netz der Erdball-Adern ein!
Gib Vließ und Korn zurück des Ostens dürrer Scholle:
Die Menschen laß ein Volk — ein Meer die Flüsse sein!

Nationen, die zuerst ihr aus der Menschheit Wiege
Herwärts nach Westen trugt der Stämme Ueberfluß:
Zurück, von wo ihr kamt! — Um Palm' und Ceder liege
Des ausgetretnen Stroms bewaffneter Erguß!
Zieht hin, wie Joseph einst und seine Brüder zogen,
Als sie mit Dürre schlug der Herr in seinem Zorn;
Zum Nilschlamm eilten sie, und von des Niles Wogen
Froh kehrten sie zurück, den Nacken krumm gebogen
Von des Aegypters gelbem Korn!

O rolle frei durch's Land, und von der Alpe Rücken
Flötz' uns den Baum herab, aus dem wir Masten haun!
Zum Tauwerk gib uns Hanf! — Die Tannen sind die Brücken,
Die über's Weltmeer sich der Erde Zonen baun!

Wohlauf denn! Doch verliert den Bruder nicht vom Zuge!
Verkauft kein zitternd Volk, das nach Erlösung schreit!
Und wenn zurück ihr kehrt, zeigt nicht mit schnödem Truge,
Statt des geliebten Sohns, des Sohnes blutig Kleid!

Bringt heim das Korn, das Gold, die Seide sammt der Wolle,
Dazu die Freiheit auch, die Herrin im Gefild!
Aus Lust und Einigkeit webt eine freudenvolle
Weltfahne, die dem Schaun der Völker stolz entrolle
Die Einheit, Gottes Wappenschild!

O rolle frei und froh! Und deine Frühlingswogen,
Um deines Ufers Schilf anbrandend laß sie sprühn!
Und lächelnd spiegle sich des Friedens Regenbogen,
Der unsre Banner färbt, in deiner Fluthen Grün!

Jean Reboul.

Antwort auf Lamartine's Gedicht:

Der Genius in der Verborgenheit.

Den du genannt mit edelmüth'gem Feuer,
Kühn trotzt mein Name der Vergessenheit!
Denn alles Dunkle, das durch deine Leier
Fuhr, hüllt sich in Unsterblichkeit.

O, wenn mein Singen jemals Herzen rührte,
Wenn eine Brust es flammend je durchglüht,
Du, Sänger, wärst es, dem der Dank gebührte!
Mein Lied entstand aus deinem Lied!

Du bist es, du, der meine Seele gähren,
Und edlen Ehrgeiz sie durchlodern ließ;
Du bist es, du, der mich auf den Altären
Der Zukunft täglich opfern hieß!

Du bist für mich der Engel, der die Schritte
Lenkt von den Himmeln zu der Erde Thal,
Der auf den Palast und des Dörfners Hütte
Sich niederlässet ohne Wahl.

Du nahtest mir, der Sphären herrlich Klingen
Und wunderbares Leuchten priesest du:
Da schüttelte, gleich dir, ich meine Schwingen,
Und flog mit dir den Himmeln zu!

Und mich durchfloß ein ungekannt Entzücken!
Ein blendend Leuchten strahlte meinen Blicken,
Und Melodien umtönten mich!
Mein Geist erhub sich, strahlend, neu geboren;
Das All durchschweifen wollt' ich .... drin verloren
Würd' ich mich haben ohne dich!

Du aber sagtest: „Siehe da die Grenzen!
Verdunkeln wird sich unsrer Träume Glänzen!
Hinab! Für uns nicht solch ein Glück!
Schnell gehn vorüber diese reinen Klären —
Nicht will der Herr dem Staube schon gewähren
Der Engel strahlender Geschick.

O, harren wir, bis sich die Zeit vollendet;
Bis einst der Tod dem durst'gen Geiste spendet
Des Quells, der ew'ge Wonne beut;
Wenn wir den Herrn im Heiligthume preisen,
Dann wird die Welt sich als der Traum erweisen,
Der Himmel als die Wirklichkeit."

Und als du mich zurückgabst dem Gebiete
Des Irdischen, da in den Adern glühte
Ein Fieber mir, das Nichts, ach! kühlt;
Wenn keine Leier, die an's Herz ich drücke,
Die ein berauschend Bild zeigt meinem Blicke
Von Allem, was ich schon gefühlt.

O Strahlen, die mein Aug' ihr einst umgeben,
Wie, euer Glänzen sollt' ich nicht erheben
In meinem neuen Dunkel hier?
Wie, mit dem schwachen Tönen meiner Lieder,
Gäb' ich das eure demuthvoll nicht wieder,
Des Himmels heil'ge Lieder ihr?

Der Engel und das Kind.

Ein Engel stand an einer Wiege;
Sein Antlitz war von Strahlen hell.
Es war, als ob die eignen Züge
Es schimmern säh' in einem Quell.

„Kind, das mir gleicht," so sprach der Engel,
„Fleuch auf mit mir zum ew'gen Licht!
Die Erde bietet dir nur Mängel;
Komm! deiner würdig ist sie nicht!

Auf ihr erblühst du nur zu Leide;
Selbst ihre Wonne drückt die Brust;
Wie klagend, jauchzt auf ihr die Freude,
Und Seufzer hat auf ihr die Lust.

Kein Fest auf ihr, das ohne Sorgen!
Es gab noch keinen Sonnentag,
Der Bürge ward beim nächsten Morgen
Für Sturmeswehn und Wetterschlag!

Und sollte je der Gram sich setzen
Auf diese reine, stille Brau?
Und bleichte je mit bitterm Aetzen
Die Zähre dieses Auges Blau?

Nein! folge mir, daß ich dich trage,
Wo brennend Sonn' um Sonne rollt!
Der Himmel schenkt dir gern die Tage,
Die du vertrauern hier gesollt!

Laß keine Thräne sie vergießen,
Die dich genannt ihr einzig Glück;
Laß deinen letzten sie begrüßen,
Wie deinen ersten Augenblick!

Laß ihre Stirn es nicht verkünden,
Daß hier im Haus ein Auge brach!
O komm! Wer hingeht ohne Sünden —
Sein letzter ist sein schönster Tag!"

Und, schüttelnd seine weißen Schwingen,
Auf zu der Gottheit ew'gem Thron
Erhub er sich mit süßem Klingen
Du arme Mutter!... Todt dein Sohn!

Sie ist krank.

Warum von Thränen ist dein Kissen naß? —
Mein Engel, ach! wird deine Lippe blaß,
Wird je dein süßes Auge trübe,
Nicht fürchte dann, du meines Lebens Lust,
Daß Andre dich entfremden meiner Brust ....
'S ist mit der Seele ja, daß ich dich liebe.

O meine Taube, wenn ich Armer je
Dein duckend Köpfchen überschatten säh'
Den Tod mit schwärzlichem Gefieder,
Nicht säng' ich von Balkon dann zu Balkon,
Daß Andre locke meiner Lieder Ton;
Auf deinem Grabe setzt' ich still mich nieder.

Dort, nasse Augen hebend sternenwärts,
Wollt' ich erwecken dich mit meinem Schmerz;
Und deines Geisterfluges Tönen,
Durch's Haar der Weide zitternd in mein Ohr,
Dem süßesten Geständniß zög' ich's vor
Von der Gepriesensten der Schönen!

Erscheinung.

Warum das Grau'n in meine Nächte streuen?
Warum dem Ernst des Sarges dieser Hohn?
Ich ließ den Priester eine Kerze weihen,
Und für dich lesen ließ ich Messen schon.

Ich ließ geschehen, was für deine Ruhe
Vorschreibt der Kirche heilig Ritual;
Ich öffnete dem Armen meine Truhe,
Zu öffnen dir des Himmels goldnen Saal.

Ich klagt' um dich! — O sprich, was kann dich quälen,
Da nie die Lust auf ihrem Pfad mich fand?
In deiner Schreine funkelnden Juwelen
Hat nie gewühlt noch eines Erben Hand.

Noch steht das Haus, dem dich der Tod entrissen,
In düstrer Trauer ernst und schweigend da;
Noch in des Schleiers falt'gen Finsternissen
Trägt Leid der Spiegel, der dich lächeln sah.

Noch floß kein Oel auf deine Lampe wieder;
Noch liegt dein Pfühl, wie jene Nacht er lag;
Noch auf's Getäfel senkt der Staub sich nieder,
Den es bestäuben ließ dein Todestag.

Und sieh', den Zweig auch trug man nicht von hinnen,
Der dich besprengt, o du geliebtes Bild,
Als in's Gewand der Carmeliterinnen
Wir deine Leiche weinend nun gehüllt.

Und doch bei Nacht in meines Vorhangs Falten
Hör' ich ein Rauschen, das mein Schlafen stört;
Ein feuchter Hauch läßt meine Stirn erkalten;
Es ist ein Hauch, wie Gräbern er entfährt.

Ein Arm alsdann mit einer bleichen Kerze
Gießt auf mich aus ein trübe dämmernd Licht;
Ein banges Tönen fällt mir schwer auf's Herze,
Und kalter Schweiß bedeckt mein Angesicht.

Ich seh' dich weinen; meine Pulse stocken;
Auf meine Brust, die du ja nur erfüllst,
Ergießen schwer sich deine düstern Locken —
O, wenn du so kommst, sag' mir, was du willst.

Denn heilig sind mir deiner Gruft Befehle;
Erfüllen gern ja will ich dein Gebot!
Genug ja drückt, o ruhelose Seele,
Das Leben mich — auch ohne deinen Tod!

O, dieses Schreckbild, Wahrheit oder Lüge,
Gib du, o Gott, daß meine Ruh' es flieh'!
Und meiner Träume nachtverhüllte Wiege,
Laß deinen Engel freundlich schaukeln sie!

Der Kahn.

Seht ihr den Kahn dort in der Ferne?
Von Purpur blitzt er und von Gold;
Durch's Wasser zieht er, gleich dem Sterne,
Der durch das Blau des Himmels rollt.

Geschaukelt von des Zephyrs Kosen,
Von ihren Wonnezügen matt,
Ruht dort die Liebe wohl auf Rosen
Und auf der Myrthe duft'gem Blatt.

Auf unsrer Insel wolle landen!
Ihr Schatten ist so süß und kühl ....
O seht, sie hat den Ruf verstanden,
Und bald erreicht schon ist das Ziel!

Nun schmückt die Stirne, windet Kränze!
Hinunter an's Gestade zieht!
Weib oder Göttin — lasset Tänze
Sie grüßen und ein Fischerlied!

Eilt, schon am Ufer sehet schwanken
Den Nachen! — ach, er ist zerschellt!
Und in ihm auf den lecken Planken
Verblutet sich ein junger Held.

„Grabt mir ein Grab auf euren Borden!
Zu meinem Sarge fällt das Holz!
Schaut her! der Lohn ist mir geworden,
Den Gott bestimmt hat für den Stolz!

Gelockt von meiner Flagge Schimmer,
Flog gierig ein Pirat herbei;
Er schoß mein lustig Boot in Trümmer,
Und meine Brust durchfuhr sein Blei.

Ich sterbe! .... sei's! doch ihr — seid weise!
Wenn ihr gefahrlos reisen wollt,
So denkt an mich auf eurer Reise:
Den Purpurwimpel nicht entrollt!“

Alfred de Musset.

Lieder und Fragmente.

Barcelona.

Wer, der auf Barcelona's Gasse
Mein Andalusisch Mädchen sah?
Wer sah sie stehn auf der Terrasse?
'S ist meine Löwin, meine blasse
Markesa d'Amaegui ja!

Für sie hab' ich mich oft gehauen,
Für sie Sonette gar gemacht!
Wie oft, ein Haar nur ihrer Brauen
Durch's Wehn des Vorhangs zu erschauen,
Hielt ich vor ihren Fenstern Wacht!

Mein ist sie, mein ist dieser Wangen,
Mein dieser Lippen lechzend Glühn!
Mein dieses Auge, schwarz verhangen
Von seidnen Wimpern, mein die langen
Haarwellen, so ihr Hermelin!

Mein, mein ihr Hals, sehn sie die Wände
Des Schlafgemachs in üpp'ger Ruh;
Mein das Gewand um ihre Lende,
Mein ihre kleinen weißen Hände,
Und mein ihr Fuß im schwarzen Schuh!

O, wenn durch ihres Netzes Franzen
Ihr Auge blitzt mit wildem Brand,
Bei allen Heiligen im ganzen
Castilien, man bräche Lanzen,
Zu rühren nur an ihr Gewand!

Beim Eid! man muß sie sehn im weißen
Nachtkleid, die prächtige Gestalt!
Man muß es sehn, dies Schlagen, Beißen,
Wenn unter Küssen, grimmigen, heißen,
Sie wüthend fremde Worte lallt!

Und, o! wie toll ist ihre Freude,
Wenn sie am Morgen singt und lacht!
Wenn, da just in des Strumpfes Seide
Ihr Füßchen schlüpft, ihr unterm Kleide
Des Leibchens straffer Atlas kracht!

Auf, Page, folge meinen Pfaden!
Hinaus mit Tambouringeklirr!
Heut' Abend will ich serenaden,
Daß fluchen sollen die Alcaden
Bis an den Guadalquivir!

Das Lever.

O Herrin, es wird helle!
Dein Leibroß, Isabelle,
Begrüßt dich wiehernd; — schau'
Auf der Piqueur' und Führer
Grünfarb'gen Aermeln ihrer
Stoßfalken schwarze Klau'!

Sieh, Pagen und Bereiter!
Der flücht'gen Stuten Leiter,
Ein unbewamster Troß,
Das Haupt vom Busch umflogen,
So kommen sie gezogen,
Mit Armbrust und Geschoß.

O, höre deiner schnellen
Windspiel' und Doggen Bellen!
Horch, Pfiff und Gertenhieb!
Zur Jagd! frisch in den Bügel
Den Fuß! ergreif' die Zügel!
Viel Glück zur Jagd, mein Lieb!

Und nun zuerst verhülle
Des schönen Busens Fülle
Mit des Habites Grün!
Laß, moorumspannt, mit seinen
Göttlichen Formen scheinen
Ein süßes Räthsel ihn!

Mit weißer Hand zu kämmen
Dein Haar, laß überschwemmen
Das dunkelbraune dich;
Dein Haar, früh aufgebunden,
Und in den Abendstunden
Gelös't durch dich und mich.

Frisch auf denn, meine Wilde!
Weithin durch das Gefilde
Tönt deines Thiers Gescharr.
Und wie den Speer ein Knappe,
So schwingt, in bunter Kappe,
Den Sonnenschirm dein Narr.

Und nun noch die gestickte
Schärp' um die goldgeschmückte
Jagdrobe wirf, geschwind
Und in des Mantels Falten
Will tragen ich und halten
Dich, wie ein schlafend Kind

Madrid.

Madrid, du Licht von Spaniens Thalen,
In deinen tausend Feldern strahlen
Viel tausend Augen, schwarz und blau.
Du weiße Stadt der Serenaden,
Viel tausend kleine Füße baden
Sich Nachts in deines Prado's Thau!

Madrid, und kämpfen deine Stiere,
Dann lassen tausend Händchen ihre
Buntfarb'gen seidnen Schärpen wehn;
Und in den sternerhellten, lauen
Lenznächten sieht man deine Frauen
Auf deinen blauen Treppen stehn.

Madrid, Madrid, laß sie sich sehnen!
Ich spotte deiner stolzen Schönen,
Die muthig tummeln Maul und Pferd!
Denn unter allen weiß ich Eine;
Laß Braun' und Blonde kommen — Keine
Ist ihre Fingerspitze werth!

Und mich nur, wenn die Sterne scheinen,
Läßt die Duenna dieser Einen
Durch ihr vergittert Fenster! — Wer
Nach zorn'gen Blicken trägt Begehren,
Der nah' ihr nur beim Messehören,
Sei Bischof oder König er.

Denn wisset, meine wilde Kleine
Aus Andalusien ist es! meine
Wittib mit dunkelm Flammenblick!
Sie ist ein Teufel und ein Engel!
Braun, der Orange gleich am Stengel,
Und wie ein Vogel flügg und quick!

O, wenn wir zitternd Küsse tauschen,
Wenn um mein Haupt mit süßem Rauschen
Entfesselt ihre Locken wehn,
Dann muß man sie mit glüh'nder Wange,
Behend und schnell wie eine Schlange,
In meinem Arm sich winden sehn.

Und fragt ihr, welchem Preis die schlanke
Erob'rung ich denn wohl verdanke?
S war meines Rosses Mähnenpracht;
Das Loben ihrer Sammtmantille;
Nicht zu vergessen: auch Vanille-
Bonbons in einer Faschingsnacht!

Die Frau Markisin.

Ihr kennt ihr Aug' und ihre Züge,
Ihr kennt die Andalusierin!
Ihr wißt, daß ich im Arm sie wiege
Vom Abend bis zum Morgen hin!

O, seht sie, wenn ihr Arm wie eines
Schwans weißer Hals mich fest umschlingt;
Wenn, dicht an ihrem Haupte meines,
Die Nacht uns süße Träume bringt!

O, kommt! ob unserm Nest begegnet
Und schnäbelt euch, ihr Vögelein!
Durch ihren Schlummer, den Gott segnet,
Strahl' eurer Flügel Wiederschein!

Preis der Vergessenheit gegeben
Sei Alles, nur die Liebe nicht!
Die Wollust ruft: vergeßt das Leben!
Der Vorhang ruft: vergeßt das Licht!

O, laß uns ruhen, Mund auf Munde!
Hauch' deine Seel' in mich hinein!
O, laß uns ruhn so bis zur Stunde,
Wo man uns bringt den Todtenschrein!

Und fürchte nicht des Sternes Schimmer,
Der jetzt die Furcht der Weisen ist!*
Vielleicht, schlägt er die Welt in Trümmer,
Daß unsern Winkel er vergißt!

In meiner Seele frisches Bluten
Laß rinnen deinen lichten Geist,
Wie sich in eines Gießbachs Fluten
Der Wiese Blumenquell ergeußt!

Denn weißt du wohl, wie viele Schmerzen
Ich litt, ach, um zu leben nur?
Siehst du in meinem wunden Herzen
Des Ueberdrusses blut'ge Spur?

Gib einen Kuß mir, meine Kleine!
Mit meiner Hand in deinem Haar,
Laß mich erzählen dir beim Scheine
Der Lampe, was mein Unglück war!

* Man redete damals viel von dem Kometen von 1832.

Und sieh, wie gut ich bin, mein Leben!
Daß gestern du auf meiner Brust
Entschliefst — ich will dir es vergeben!
Und war's auch, als ich schwatzte just.

Denn, auf des Königs Wort, sobald es
Wird dunkel in der Hauptstadt sein,
Zieht hier im Lustrevier des Waldes
In's Schloß die Frau Markisin ein.

Mein Arm sei der Geliebten Wiege
Vom Abend bis zum Morgen hin.
Ihr kennt mein Lieb, ihr kennt die Züge
Der braunen Andalusierin!

Fragment

Ich habe dich geliebt; — und wie? — o Gott, mein Leben
Hätt' ich in jener Zeit für dich dahin gegeben!

Du aber hast mich selbst verscheucht von deiner Brust,
Du selbst, zu lieben dich, benommen mir die Lust!

Du fängst mich jetzt nicht mehr in deines Lächelns Schlinge,
Auch deine Thränen jetzt sind überflüss'ge Dinge!

So, wenn der alte Saal ein Kind mit Schrecken füllt,
Lös't vom Getäfel es Helm, Harnisch oder Schild.

Mit der Trophäe dann, die zitternd es erstritten,
Sucht es sein Kämmerlein mit bangen hast'gen Schritten;

Legt das Gewaffen ab, und hüllt beim matten Schein
Der Dämm'rung furchtsam sich in seine Kissen ein.

Doch, wenn der Morgen nun verscheucht der Nacht Gespenster,
Dann funkelt das Phantom im Morgenroth am Fenster.

Dann lacht es seiner Angst, und ruft: wie war ich blind!
Wie war ich furchtsam doch, wie war ich doch ein Kind!

An die Jungfrau.

O Jungfrau, wenn ein Mann, der deine steilsten Wände
Erklettert hätte, nun auf deinem Gipfel stände:
Wohl schlüge stolz sein Herz, wohl zitterte sein Geist,
Wenn er vom ew'gen Schnee sich trunken nun erhübe,
Wenn mächt'ge Kreise nun im Aether er beschriebe,
Dem jungen Adler gleich, der langsam ihn umkreis't.

Jungfrau, ich weiß ein Herz, gleich dir zum Himmel ragend,
Gleich dir ein fleckenlos und schimmernd Festkleid tragend,
Dem Ew'gen näher noch, als du dem Himmel; kühn
Und rein! — Drum staune nicht, erhabenste der Höhen,
Daß, da zum erstenmal ich seine Firn gesehen,
Für einen Sterblichen der Ort zu hoch mir schien.

An Ulrich G.

Ulrich, kein Auge maß die Tiefe je der Meere,
Der älteste Matros, der kühnste Taucher nicht!
Auf ihrem Spiegel ist's, daß, gleichwie seine Speere
Ein überwundner Schütz, die Strahlen Phöbus bricht.

So auch durchdrang kein Aug' den Abgrund deiner Schmerzen,
Gefallner Engel, Mann der düstern, eis'gen Ruh'!
Du trägst in deinem Haupt, du trägst in deinem Herzen
Zwei Welten, schreitest trüb an meiner Seite du.

Doch laß mich wenigstens in deine Seele schauen,
Wie furchtsam sich ein Kind beugt über einen See;
Du: so gereift, ein Haupt, das bleich vom Kuß der Frauen;
Ich: fast ein Knabe noch, dich neidend um dein Weh!

Venedig.

Venedig, stolz von Blicken,
Kein Roß auf deinen Brücken!
Kein Fischer am Gestad,
Kein Licht am Pfad!

Am Ufer nur voll Treue
Hebt der gewalt'ge Leue
Auf zu des Himmels Blau
Die ehrne Klau'.

Und um ihn her in Gruppen
Fregatten und Schaluppen,
Wie Reiher, schwarz und weiß,
Kauernd im Kreis.

Sie schlummern, feucht bethauet,
Das Wasser dampft und brauet·
Matt schimmert durch die Nacht
Der Wimpel Pracht.

Mit sternigem Gewölke
Bedeckt der Mond die welke,
Faltige Lichtstirn, eh'
Sein Grab die See.

So läßt in dem Gemäuer
Von Sainte-Croix den Schleier
Des Klosters Oberin
Ihr Haupt umziehn.

Der alten Schlösser Menge,
Die ernsten Säulengänge,
Die weißen Treppen hie
Der Nobili;

Und dort die bunten Schilder,
Die starren Marmorbilder,
Der Golf und die Lagun'
Schweigen und ruhn.

Mit langen Hellebarden
Sieht man nur noch die Garden;
Es blitzt der Schwerter Stahl
Vor'm Arsenal.

O, jetzt wohl mehr als Eine
Harrt still im Mondenscheine;
Sie lauscht besorgt und bang
Des Buhlen Gang.

Wohl mehr als Eine schmückt sich
Zum Balle jetzo; blickt sich,
Verführerisch angethan,
Im Spiegel an.

Auf wollustvollen Kissen
Dehnt sich, indeß mit Küssen
Sie den Geliebten letzt,
Vanina jetzt.

Und bei Champagnerschaume
Würzt in der Gondel Raume
Narcissa bis zum Tag
Das Festgelag.

Und — zählet Welschlands Städte! —
Wer in Italien hätte
Sein Körnlein Thorheit nicht?
Wer liebte nicht?

Jetzt tön' auf seinem kalten
Langweil'gen Pfühl dem alten,
Gähnenden Dogen nur
Der Schlag der Uhr.

Was kümmert uns die Stunde?
Ich zähl' auf deinem Munde
Nur Küsse, die du gibst ....
Oder vergibst?

Ich zähl' in nächt'ger Stille
Nur deiner Reize Fülle;
Die süßen Thränen ich,
Rinnend um mich!

Stanzen.

O, wie gern im Abendstrahle,
Tief im Thale,
Seh' ich, einem Todtenmale
Aehnlich, schwarzer Münster Bau

O, wie gern ich bei den finstern,
Hohen Münstern
Auf der Ritter Schwell' im Finstern
Kreuz und Weihekessel schau'!

Helm' ihr auf der Pyrenäen
Trutz'gen Höhen,
Alte Kirchen, Mausoleen,
Die kein Wetter je zerbricht;

Magre Thürm', entfleischte Steine,
Die ihr keine
Zeit kennt, seid ihr die Gebeine
Staubgewordner Berge nicht?

O, wie lieb' ich euch, ihr Thürme!
Wie Gewürme
Winseln um euch her die Stürme,
Machtlos! — ihr steht hoch und fest.

O, wie lieb' ich euch, ihr Gänge
Heil dir, enge
Stiege, deren Schooß die Klänge
Heil'ger Hymnen tönen läßt!

O, kommt der Orkan gefahren,
Treibt zu Paaren
Wald und Feld, faßt bei den Haaren
Das Gebirg mit Zorngeschrei:

Zwei granitne Bäume zwischen
Weh'nden Büschen
Stehn alsdann mit ihren Nischen
Die zwei Thürme der Abtei!

O, wie gern mit ihren Schilden
Und Gebilden
Mag ich Abends sich vergülden
Dieser Thore Rosen sehn!

O, wie gerne mag ich schauen
Diese grauen
Heil'gen, die, aus Stein gehauen,
Leis für die Lebend'gen flehn!

Sonett.

Den ersten Frost des Winters hab' ich gerne,
Wenn unterm Fuß des Jägers knarrt der Schnee,
Wenn auf die Felder krächzend zieht die Kräh',
Und wenn der Damhirsch Reif trägt am Gehörne!

Jetzt nach Paris! — Jüngst kehrt' ich aus der Ferne
In seine Mauern! — Ernst aus ihrer Höh'
Sahn Säul' und Louvre, Nebel zog am Quai,
Drin glommen röthlich Fackel und Laterne.

Wie liebt' ich diese graue Zeit! — die Seine
Begrüßt' ich jubelnd, die in ihrem Bette
Wie eine Fürstin normandiewärts schwamm!

Du ja warst in Paris! — Ho, eine Thräne? —
Daß sich Ihr Herz so bald geändert hätte,
Wie konnt' ich es denn wissen auch, Madame?

Ballade an den Mond.

Den Mond durch Nebel scheinen
Hoch über'm Thurme sieh',
Wie einen
Punkt über einem i!

Mond, welch ein Geist auf Pfaden
Des Dunkels führet licht
Am Faden
Profil dir und Gesicht?

Nachtaug' mit dunkelm Scheine!
Von Cherub welch ein Duns
Durch deine
Blechmaske schielt nach uns?

Bist du, mit deinem rothen
Gesicht, 'ne dicke Spinn',
Die pfoten-
Und armlos rollt dahin?

Bist du, fast möcht' ich's sagen,
Die Uhr voll Rost und Ruß,
Die schlagen
Der Höll' die Stunden muß?

Frug eben jetzt um Kunde
Sie deine Stirn, was Zeit
Und Stunde
In ihrer Ewigkeit?

Frißt dich ein Wurm, wenn enger
Nun dein geschwärzter Kreis
Und länger
Sich ausdehnt silberweiß?

Wer neulich Abends hatte
Ein Auge dir geraubt?
Traf Latte,
Traf Baumast dir das Haupt?

Durch meiner Scheiben Gitter
Ersah ich deines Horns
Gezitter,
Als wärest du voll Zorns.

Geh, Mond! nicht länger schwelle,
Du Sterbender, einher!
Ach, Phöbe,
Die Blonde, fiel in's Meer!

Soll ewig es sie halten?
Du bist ihr Antlitz nur;
Voll Falten,
Trägt es des Alters Spur.

Gib uns zurück die Reine,
Die Jäg'rin auf der Birsch,
Im Haine
Verfolgend früh den Hirsch!

Ha, unter den Platanen
Zu sehn im Dickicht hier
Dianen,
Die Hunde neben ihr!

Das schwarze Reh, verstöret
Die Felswand flieh'nd hinan,
Es höret,
Es hört sie zitternd nahn.

Nach setzt der flücht'gen Beute
Durch Wald und Thalgrund heiß
Die Meute,
Geführt vom feuchten Schweiß.

Ha! Phöbe'n, Phöbus' Schwester,
Ertappt im Bad zu schau'n,
Wo Nester
Die wilden Schwäne bau'n.

Sie, die bei Nacht auf Lider
Und Mund dem Schäfer sinkt,
Wie nieder
Ein Vogel leicht sich schwingt!

O Luna! welchen Schimmer
Und welcher Schönheit Zier
Auf immer
Verleiht dein Lieben dir!

Froh bringt, wer dir begegnet,
Dir seines Dankes Zoll,
Und segnet
Dich, wachsend oder voll.

Dich liebt der Hirt, am Raine
Ausruh'nd bei frischen Quell'n,
Weil seine
Hund' ängstlich dich anbell'n.

Dich liebet auf Kauffahrer
Und Kriegsschiff der Matros',
Lacht klarer
Nachthimmel seinem Floß;

Die Dirne dich, die wählig
Am Saum des Holzes zieht;
Hellkehlig
Laßt schallen sie ein Lied.

Und unter deinem blauen
Aug' reget sich das Meer; —
Zu schauen,
Wie an der Kett' ein Bär.

Und, regn' es oder schneie,
Was jede Nacht komm' ich
Auf's Neue,
Hieher zu setzen mich?

Ich komm', daß ich dich scheinen
Seh' über'm Thurme hie,
Wie einen
Punkt über einem i.

Marceline Desbordes-Valmore.

Der Rufer an der Rhone.

Das Erntemädchen war gekrönt; von frischen Kränzen
Zog festlich sich vom Dorf zur Stadt ein Blumenband.
Die Kinder trugen heut' ihr buntestes Gewand,
Im Aug' der Greise sah man Erndtefreude glänzen.
  Auf einmal endigte die Lust,
Dem Irrlicht ähnlich, das, wie es entsteht, verglüht.
  Ein langer Schrei fuhr kalt, wie Eis, durch jede Brust,
  Verstummt war jedes Lied.
„Zurück, zurück, das Kind, das sich verlief im Schwarme!
Die Mutter weint! — das Kind! — o, daß sich Gott erbarme!"

Zu dumpfem Brüten ward ihr lautes, wildes Klagen;
Für ihren bittern Schmerz hat sie nicht Worte mehr.
„Hört! daß ihr es erkennt: es sagt euch nicht, wie sehr
Es zu bejammern ist; nur: Mutter! kann es sagen.
  Noch Keiner, der: hier ist es! rief?
Hat es am Ufer denn kein Einz'ger spielen sehn?

O Gott, die Rhone ist so tief! —
Ein schwaches Kind! — kaum konnt' es gehn! —
Zurück, zurück, das Kind, das sich verlief im Schwarme!
Die Mutter weint! — das Kind! — o, daß sich Gott erbarme!

Sein Aug' ist schwarz und sanft, es hat erst wenig Zähne.
Gelb, wie das reife Korn, ist meines Kindes Haar;
Furchtsam und schwankend geht's, und mit Kornblumen war
Sein Kleid besetzt; gewiß steht eine helle Thräne
In seinem Aug'; — ihr kennt es, wär'
Es nackt — oft nahm ja schon die Armuth schwachen Kleinen
Ihr Kleid! — ein Engel, ohne Wehr,
Würd' es in seiner Blöße weinen!
Zurück, zurück, das Kind, das sich verlief im Schwarme!
Die Mutter weint! — das Kind! — o, daß sich Gott erbarme!"

Der alte Rufer schweigt; ein: hier! nur aus dem Volke
Will er, lang wartet er; — umsonst — die Mütter sind
Wortlos, und jede drückt fest an die Brust ihr Kind;
Der Schrecken legt sich trüb auf's Fest, wie eine Wolke.
Man sagt, daß mit verstohlnem Gang,
In Lumpen eingehüllt, barfuß ein Bettler dorten
Schlich! unter seinem Mantel klang
Ein leises Wimmern zu den Worten:
„Zurück, zurück, das Kind, das sich verlief im Schwarme!
Die Mutter weint! — das Kind! — o, daß sich Gott erbarme!"

Die Nachtwache des Negers.

Die Sonn' der Nacht erhellt der Küste nackte Höhen;
O Herr, wie lange noch verziehen wir im Sand?
Sanft will ich tragen dich; o, reich' mir deine Hand!
Erwache, guter Herr! laß uns zu Menschen gehen!
Herr! seit drei Tagen schon sind deine Augen zu:
Schläfst immer du?

Sieh', der Platanenwald fiel nieder vor den Schritten
Des Sturms; das Schiff verschwand zertrümmert in der Flut
Von deiner bleichen Stirn wusch ich das rothe Blut;
O komm! gern öffnen uns die Schwarzen ihre Hütten.
Herr! seit drei Tagen schon sind deine Augen zu:
Schläfst immer du?

Was du wohl träumen magst? dein Sklav' errieth' es gerne.
O, lang währt dieser Traum! weicht er, wenn es am Strand
Hell wird? drückst du erwacht des treuen Dieners Hand?
Ja, wecken will ich dich, sobald nur fliehn die Sterne.
Herr! seit drei Tagen schon sind deine Augen zu:
Schläfst immer du?

Doch schon bescheint das Licht des Morgens das Gefieder
Der Möwe; lautlos trägt die See das Fischerboot.
Komm! — dein Gesicht ist kalt! — bleich! sonst war es doch roth!
O sprächst du! meinen Muth gäb' mir dein Sprechen wieder!
Herr! seit drei Tagen schon sind deine Augen zu;
Schläfst immer du?

Auguste Barbier.

Nisa.

Χαριέντα μὲν γὰρ ᾄδω.
Anakreon.

Stolz ragt ein Fichtenbaum; und drunter, lau von Fluten,
Empfängt den frischen Quell ein Becken, das die Gluten
Des Sonnenstrahls nicht kennt.
Dort, seit das Morgenroth der Fichte Stamm beschienen,
Hing ihre Tunika nachlässig auf im Grünen
Ein Kind von Agrigent.

Sie ruht und wiegt sich dort, nackt wie sie trat in's Leben!
Das einz'ge Frühgewand, von dem ihr Leib umgeben,
Des Wassers dünner Flor!
Sie ruht auf Moose dort und auf dem feinen Sande,
Wie eine Nymphe schier, die, ledig der Gewande,
Emportaucht aus dem Rohr.

Warum auch flöhe sie, ein Kind von vierzehn Lenzen,
Dem roth die Lippe schwillt, dem blau die Augen glänzen,
Und dessen Zähne Schmelz?

Nach ihrer Mutter Kuß, nach Tanz und Blumenpflücken,
Was könnte Nisa wohl, die Kleine, mehr beglücken,
Als Baden im Gehölz?

Sie schaukelt üppig sich; der Wind des Morgens kühlt sie;
Sie denkt an's Wasser nur, und mit dem Wasser spielt sie;
Mit ihren Händchen schlägt
Und fältelt sie die Flut in tausendfacher Weise,
Wie Abends oft der West in ihrer Schwestern Kreise
Ihr Kleid in Falten legt.

Bald müht sie schäckernd sich, die Schwalben zu ergreifen,
Die den Krystall des Borns mit braunem Flügel streifen,
Und hurtig dann entfliehn.
Bald läßt ein schwimmendes Ameischen sie entrinnen,
Läßt es den Rasensaum des Quellbassins gewinnen,
Und heißt es fürder ziehn.

Jetzt einer Rose Kelch entblättert sie mit Lachen;
Die Quelle wird ein Meer, das duft'ge Blätternachen
Befahren, Bord an Bord.
Da haucht ihr Mündchen Sturm; die Schiffe wehn zur Küste;
Nur wen'ge retten sich an ihre jungen Brüste,
Gleichwie in einen Port.

Dann lauscht sie still und ernst auf das melod'sche Fliegen
Der Biene, die sich dreist auf ihren Honigzügen
An ihr vorüberschwingt;

Und dann dem Frühgesang, dem lieblichen, der Grille,
Der Kleinen, deren Lied durch des Gehölzes Stille
Wie Lied des Himmels klingt.

Dann endlich schläft sie ein! — Auf ihren Armen liegend,
Ruht aus ihr lockig Haupt! — Halb schwimmend und halb fliegend,
Entrollt die blonde Flut!
Dem Schwane gleicht sie so, den, unter'm Schilf verborgen,
Ein Mädchen schlummern sieht, wenn er am frühen Morgen
In seinen Federn ruht.

Auf einmal fährt sie auf! — Ein Rascheln und ein Rauschen!
Ist es ein Menschenfuß? — Sie lauscht mit bangem Lauschen
Ihr Köpfchen sinkt auf's Knie.
Roth wird sie, wie die Frucht des welschen Maulbeerbaumes;
Sie biegt zusammen sich, und in des Wellenschaumes
Gekräusel zittert sie.

Doch bald verstummt der Lärm; und Nisa noch erschrocken,
Wagt es, hervorzuspähn aus ihren dichten Locken
Mit feuchtem Augenlied;
Da plötzlich lacht sie auf: — langbärtig aus den Zweigen
Schaut eines Geisbocks Haupt herab mit ernstem Neigen,
Sieht an sie und entflieht.

Inhalt.

Uebersetzungen aus dem Englischen.

Aus neueren englischen Dichtern.

Ebenezer Elliot.

Felicia Hemans.

Nordamerikanisch.

Seite

Aus dem Italienischen.

Alessandro Manzoni.

Aus dem Französischen.

Alfons de Lamartine.

Jean Reboul.

Alfred de Musset.

Lieder und Fragmente

Marceline Desbordes-Valmore.

Auguste Barbier.

www.ingramcontent.com/pod-product-compliance
Lightning Source LLC
LaVergne TN
LVHW020214110826
845151LV00003B/714

* 9 7 8 1 4 2 5 5 3 3 8 1 6 *